El amor excelente

FADY BUJANA

El amor excelente

4 hábitos para mantener (o recuperar :) la pasión sin cambiar de pareja

empatía
entusiasmo
espiritualidad
erotismo

edaf

MADRID - MÉXICO - BUENOS AIRES - SAN JUAN - SANTIAGO
2015

Diseño de la cubierta: Gerardo Domínguez

Editorial Edaf, S. L. U.
Jorge Juan, 68. 28009 Madrid, España
Tel. (34) 91 435 82 60 - Fax (34) 91 431 52 81
http://www.edaf.net
edaf@edaf.net

Algaba Ediciones, S.A. de C.V.
Calle 21, Poniente 3223, entre la 33 Sur y la 35 Sur
Colonia Belisario Domínguez
Puebla 72180, México
Teléfono: 52 22 22 11 13 87
edafmexicoclien@yahoo.com.mx

Edaf del Plata, S. A.
Chile, 2222
1227 Buenos Aires (Argentina)
edafdelplata@edaf.net

Edaf Antillas / Forsa
Local 30 A-2
Zona Portuaria Puerto Nuevo
San Juan PR00920
(787) 707-1792

Edaf Chile, S. A.
Coyancura, 2270, oficina 914. Providencia
Santiago, Chile
edafchile@edaf.net

2.ª edición, Febrero 2015

ISBN: 978-84-414-3504-9
Depósito legal: M-34234-2014

PRINTED IN SPAIN — IMPRESO EN ESPAÑA

Cofas, S. A.

Cuando el amor no va,
nada va.

MARILYN MONROE

Índice

Prólogo, Xavier Guix 13

Mi búsqueda de la pasión 15
Lo que debes saber sobre la química de pareja 25
Relaciones íntimas: visión diferente. ¿Estás en un embudo? 33
El amor excelente 41

Empatía y entusiasmo

Cómo ser el guionista de tu propia historia de amor . . . 51
Únete a la ruta de los alpinistas del amor (sin salir de casa). 57
Si no sabes lo que quieres, ¿cómo te lo voy a dar? 63
Cómo ganar el conflicto sin ganar al otro 73
Tener los ojos abiertos sin poder ver 83
Si abandonas la lucha de poder, tú ganas 89
¿Estás diciendo la verdad o nos estamos enredando? . . 95
Si haces esto, nadie te podrá reprochar nada 103
Lo que tú no controlas te controla a ti 109
¿Se te dan bien las lenguas? Los cinco idiomas del amor. 119

Espiritualidad

Sé vulnerable si quieres ser invencible 129
Quiero intimidad, esa sensación tan incómoda, pero tan deliciosa 139

Si el que da es el que recibe, ¿quién debe dar las gracias? 147
Confianza es el nombre del Banco Central del Amor . . 157
Si quieres perder peso, aprende a perdonar. 163
Sé valiente: tira las armas 171

Erotismo

¡Menos mal que hombres y mujeres NO somos iguales! 181
Para ir al séptimo cielo debes conocer la séptima necesidad 187
El arte de tensar la cadena 197
¡Riesgo! Haz algo más divertido que saltar en paracaídas. 203
Si quieres ser espontáneo, planifícate bien 211
Masculino y femenino en acción (no reacción). 217
Los que miran a los ojos besan más. 229

Conclusión 235

Anexos

Finales necesarios 241
Declaración del amor excelente 245

Al lector 249

¿Es verdad que tarde o temprano la pasión se tiene que morir?

¿Es verdad que la convivencia mata la pasión?

¿Es verdad que tenemos que elegir entre una vida salpicada de pasiones cortas pero intensas y una estabilidad duradera y aburrida?

¿Es verdad que cuando pierdes la pasión solo te queda aprender a vivir sin ella o tratar de encontrar chispas en otras áreas de tu vida?

¿Es verdad que no se puede mantener la pasión ni recuperar una vez perdida?

Prólogo

Fady Bujana nos propone en este libro algo muy propio de un buen *coach:* pasar de la palabra a la acción. Nos invita a observar, reflexionar y decidir cómo podemos dedicarnos mejor al arte de amar. Sin duda, es de un gran atrevimiento, y a la vez de una enorme generosidad. Y es que si Fady rebosa alguna cosa es generosidad, a la que él llama pasión.

A la apasionada generosidad de Fady hay que añadir su experiencia. Los libros que hablan del amor los solemos escribir aquellos que hemos sufrido por amor o buscamos afanosamente el secreto de amar. Se trata de un viaje lleno de experiencias, muchas de ellas insatisfactorias, dolorosas o incapacitadoras, pero, a pesar de todo, es mejor esa experiencia que la de aquel que no se ha movido de un sofá o ha renunciado a explorar los límites de sus propios deseos.

Fady nos entrega aquí su propio mapa del tesoro, un mapa interactivo en el que nos propone reflexiones, revisión de creencias, ejercicios y muchas, muchas preguntas. Ese es sin duda el mejor camino, el que nos interroga o cuestiona sin darnos soluciones simplistas o prefabricadas. De su propuesta me han interesado especialmente las menciones a la vulnerabilidad. Muchos libros que hablan del amor lo reducen a unas cuantas pautas de sobra conocidas, como respeto, comunicación, reciprocidad o amistad. Sin embargo, hablan poco de los caminos por los que se transita antes de adquirir dichas habilidades, de la valentía que hace falta para desnudarte (en todos los sentidos) ante el otro o la otra. Ahí tenemos un terreno que todos, especialmente los hombres que hemos crecido bajo una cultura patriarcal, debemos cultivar para llegar a las profundidades espirituales del amor y del amar.

Hay que dar la bienvenida a este nuevo libro de Fady, en el que se retrata su pasión, su generosidad, su humor y su visión de la vida. Una vez leído, no quedará resuelto el misterio del amor, pero al menos obtendremos algunos recursos necesarios para entender que a la cima del amor se llega a través de la ascensión en el amar y que no podemos reducir el amor al consumo de un encuentro, sino a su permanente construcción.

Como diría el filósofo Alain Badiou, las personas amamos la verdad incluso sin saber por qué. Y el amor forma parte de esa verdad.

Xavier Guix
Psicólogo y escritor

Mi búsqueda de la pasión

HACE tiempo soñé que podía sobrevolar de noche sobre los edificios de mi ciudad y ver lo que ocurría en el interior de las casas. Recuerdo que una de las cosas que más me llamó la atención es que la mayoría de las parejas dormía de espaldas uno contra el otro. Me pareció una imagen tristísima, así que decidí que aquello no me iba a pasar a mí. Yo quería mantener una relación viva, profunda y apasionada, un amor excelente.

Un tiempo después, empecé una búsqueda que me llevó a saltar de relación en relación, pensando que la clave radicaba en dar con la persona adecuada. Creía que solo era cuestión de sacar el buen número, luego todo sería coser y cantar. Y como no quería perder tiempo entre un sorteo y otro, cuando una relación no funcionaba, me apresuraba en saltar sin demasiadas contemplaciones a la siguiente. En algunos momentos pensé que había dado con Ella, la mujer que me abriría las puertas del amor excelente, pero al final siempre fallaba algo: o no me entendía, o no me apoyaba, o no se abría, o me asfixiaba, o no me prestaba suficiente atención... O era yo el que hacía o dejaba de hacer alguna de aquellas cosas.

Así que estuve buscando mucho, pero sin éxito. Empecé a creer que vivía en un mundo enfermo denostado de amor, aunque lleno de guerras como la que viví en el Líbano y que mis relaciones no eran más que el fiel reflejo de esa enfermedad. Entonces me enfadé; luego me deprimí; y un buen día me puse a estudiar. Finalmente, me di cuenta de que, aunque era muy importante sacar el buen número, el fracaso en nuestras relaciones de pareja no podía imputarse alegremente al mundo en el que vivíamos, ni a las demás personas, sino a nuestra propia ignorancia, pues no se nos enseña a amar ni a construir relaciones. La sociedad se limita a emparejarnos y encasillarnos, de modo que después de la gran boda lo único que se espera de nosotros es que formemos una familia y seamos productivos. Y cuando llegan los problemas, que inevitablemente llegan, nos preguntamos lo qué falló y como no nos dieron un manual de instrucciones antes de lanzarnos al vacío.

Después de muchas relaciones, y de estudiar y profundizar en el tema, de la mano de grandes expertos como Anthony Robbins y Cloe Madanes, te puedo decir que lo normal es que haya dificultades en distintos momentos de una relación afectiva y que a menudo estos problemas no son más que una invitación a crecer a nivel personal personal y como pareja. Aunque llegados aquí, la mayoría de las parejas intentan «parchear» su relación simplemente dejando de prestar atención a las partes que no funcionan, creyendo que con el tiempo los problemas se irán resolviendo solos. Pero nada más lejos de la realidad: dejados a su suerte, los sistemas degeneran y las parejas se separan. Este fenómeno, conocido en el ámbito de la física (termodinámica) como «entropía» es aplicable a distintos ámbitos de la vida cotidiana: personales, afectivos, laborales y otros. La falta de decisión y de dirección desgasta la energía de las personas y las priva de una meta concreta que las inspire a superar las dificultades y avanzar. Es prácticamente imposible crecer sin salir de tu zona de confort, y no hay nada como las relaciones íntimas para sacarte de ella.

Las relaciones de pareja son tan importantes que, como reza la cita inicial de Marilyn, cuando no funcionan, nada funciona. La mayor parte de la humanidad despierta cada día con presión y aprensión en lugar de ilusión e inspiración. Pero todas las personas se merecen ser amadas y tener una relación afectiva apasionada que las ayude a afrontar la vida desde la inspiración en lugar de la desesperación. Vivir desde la inspiración es vivir desde el espíritu y desde una vibración muy superior a la que se percibe en este momento en nuestra sociedad.

Puedes ser la persona más exitosa del mundo, pero, si tu corazón está vacío, no te sentirás plenamente feliz. De nada te servirán dinero, fama y éxitos si no tienes al lado a alguien con quien compartirlos. Es fundamental cuidar las relaciones, mantenerlas vivas y en constante proceso de mejora. ¿Te imaginas una humanidad entera viviendo inspirada en lugar de asolada por el miedo y el aislamiento?

Un refrán árabe dice: «Nunca debes acabar de construir tu casa». Y yo te digo: nunca debes acabar de construir tu pareja.

> El **amor** es una decisión que se toma cada día. Si decides vivir con amor, tu vida será profundamente vivida. Eso no significa que sea fácil, ni mucho menos, pero sí que valdrá la pena levantarte cada día de la cama.

Quiero aclararte que cuando hablo de pasión a lo largo de este libro me refiero a la que puedes vivir en tu relación de pareja. Es posible que la encuentres fuera de la pareja, en un amante (o en varios), pero esa es otra película. Si te funciona, perfecto, aunque es probable que solo sea un «apaño» temporal. En cualquier caso, el tema de este libro es cómo construir, mantener o recuperar la pasión en la pareja.

Desconozco tu situación concreta, pero estás leyendo este libro, es probable que consideres la pasión un tema lo bastante importante en tu vida como para informarte mejor. Posiblemente también quieras mejorar (o como mínimo asegurarte de mantener) el nivel de picante que tienes en este momento en tu relación de pareja. En ambos casos quiero felicitarte por ponerte manos a la obra. Ten en cuenta que tu energía sexual es energía creadora y que sin pasión en la misma, tu vida carecerá de creatividad. Pero no tienes por qué resignarte a tener una vida gris, sobreviviendo en una relación mediocre y sin pasión, como esas en la que cada uno vive atrincherado en su lado de la cama. El hecho de que la pasión tenga que desaparecer forzosamente en cuanto se acabe el cóctel de hormonas que alimenta el fuego de los inicios (el *amor romántico*) es solo una creencia, aunque haya sido aceptada de forma general por nuestra sociedad. En realidad, hay pasiones que, lejos de disminuir, van en aumento con los años. Depende de la dinámica general de la relación, como veremos más adelante. Lo que sí puedo afirmar es que existe un método para mantener y recuperar la pasión en la pareja. Construir un amor excelente no suele ser un camino de rosas, pero vale la pena hacerlo. Como ya escribí en *Licencia para vivir*, «habrá momentos en los que perderás la fe, pero te enseñarán a actuar con confianza; momentos de incertidumbre, pero te enseñarán a fluir; momentos de adversidad, pero te enseñarán a sacarles partido; momentos de seriedad, pero te enseñarán a apreciar el juego; momentos de cambios bruscos, pero te enseñarán a tener flexibilidad; momentos de monotonía, pero te enseñarán a apreciar la creatividad que se gesta en ellos; momentos de presión, pero te enseñarán a mantener tu independencia; momentos de desolación, pero te enseñarán a encontrar tus oportunidades; momentos de soledad, pero te enseñarán a apreciar tu propia compañía (y la de los demás); momentos de escasez, pero te enseñarán a ser un buen gestor. Al final serás una persona rica en el aspecto que más cuenta en la vida: la fortuna que nace de la abundancia de tus emociones».

Dicho esto quiero recordarte que las cosas más importantes en la vida no son tan difíciles de obtener como solemos creer, a menudo están en nuestro entorno (piensa en el aire, el agua, la luz, la gravedad, el amor, la naturaleza…), pero, a pesar de tenerlas delante, no siempre somos capaces de «percibirlas» o mantenerlas y eso se debe a nuestras creencias o quizá por pura ignorancia. Este libro pretende sustituir tu sistema de creencias actual acerca de la pareja por uno nuevo y aportarte una visión de las relaciones íntimas diferente a la comúnmente aceptada, para que seas capaz de navegar por las aguas turbulentas de la pasión y fondear en el remanso de paz y abundancia que te ofrece el amor excelente. Todos (y tú primero) nos merecemos vivir en la abundancia y gozar de unas relaciones que nos satisfagan, inspiren e impulsen a ser la máxima expresión de nosotros mismos y eso no se consigue por accidente ni porque lo hayamos soñado un día, sino con conciencia y perseverancia.

> El amor excelente no es algo que se tiene, sino algo que se hace.

Desearlo no es suficiente, habrá que actuar para manifestarlo y seguir actuando, día a día, para mantenerlo. Por *actuar* no me refiero únicamente a los actos visibles que uno pueda acometer en el mundo físico, sino también a los movimientos interiores que son igual de importantes para sostener el amor.

Para obtener el nivel de relación que quieres, tendrás que considerar lo siguiente:

1. En primer lugar, tendrás que decidir si de verdad quieres tener una relación extraordinaria con tu pareja o bien, en el fondo, te has acostumbrado a hacer tu vida en solitario (aún estando en pareja). En caso afirmativo, te tienes que comprometer con hacer los cambios necesarios para que esto sea una realidad y no una quimera pasajera. Tienes que saber que no puedes mantenerte con un pie dentro y otro fuera, ni construir una relación satisfactoria con una persona mientras tus ojos otean el horizonte en busca de otra mejor. No va a ocurrir. En el mejor de los casos, uno de los dos se acabará marchando, y en el peor seguiréis sufriendo juntos durante muchos años. Tomar una decisión no solo te aliviará, sino que también te permitirá atajar el desgaste y encaminarte hacia algo más productivo.
2. En segundo lugar, debes saber y aceptar que una relación duradera y apasionada dista mucho de ser una relación de «intercambio mercantil» en la que uno da, pero solo en la medida que recibe, o sea una relación en la que todo «tiene precio» y la expresión «Tú me debes» se escucha más que la expresión «Te amo». De momento te anticipo que existen cuatro niveles de relación (de los que hablaremos más adelante), pero te advierto que pasarte la vida mirando los platillos de la balanza para asegurarte de que estén siempre en equilibrio para que ninguno tenga nunca que poner una onza más que el otro, acaba matando la pasión y, a veces, incluso la relación.
3. Finalmente, debes saber y aceptar que no todo está en tu mano. Como reza un proverbio árabe: «Los inicios son del

hombre, los finales son de Dios» o «El hombre propone, pero Dios dispone». Esto quiere decir que los resultados nunca son del todo de uno, ni en la vida ni en el amor. No siempre es posible crear un amor excelente, por más que aprendas o te esfuerces: una relación es cosa de dos (aunque basta con uno para romperla). Pero no te me desanimes todavía, saber esto debería impulsarte a poner atención, intención y acción.

> Haz que tu relación sea siempre un inicio, un libro en el que cada día se escriben nuevos capítulos a cuatro manos.

¿Empezamos?

Pero si, en vuestro miedo, buscarais
solamente la paz y el placer del amor,
entonces, es mejor que cubráis vuestra
desnudez y os alejéis de sus umbrales hacia
un mundo sin primaveras donde reiréis,
pero no con toda vuestra risa, y lloraréis,
pero no con todas vuestras lágrimas.
El amor no da nada más que a sí mismo
y no toma nada más que de sí mismo.
El amor no posee ni es poseído.
Porque el amor es suficiente para el amor.

KHALIL GIBRAN

Lo que debes saber sobre la química de pareja

PUEDE que en este momento te encuentres en una situación difícil a nivel de pareja, tratando de sobrevivir en una relación desprovista de «chicha». O puede que estés justo al inicio de una relación y que todavía sientas el fuego la pasión corriendo por tus venas. En cualquier caso, hay una razón por la que estás aquí: para ti, una relación apasionada basada en un amor excelente es una verdadera potencialidad.

La pasión, como apuntaba en la introducción, se puede expresar de diversas formas en la vida: puedes tener pasión sexual por tu pareja, pasión meditativa por los detalles de la creación, pasión por tu trabajo, pasión por tus hijos, o sentir pasión en tus momentos de aventura o de ocio. En este libro hablaremos de la pasión sexual en la relación de pareja, para mí la más importante de todas, ya que es uno de los principales «generadores» de energía de la vida.

Tu éxito, tu felicidad, tu salud, tus relaciones, tus finanzas: todo en tu vida es un reflejo de tu *carga* emocional y sexual, de la energía que tú aportas al mundo. Si tu nivel de carga es alto, irás más lejos que con las pilas descargadas. Pero ¿qué es lo que determina la presencia o la ausencia de pasión en la pareja?

La ausencia de pasión en una pareja se puede deber principalmente a dos razones: una, que no sean compatibles y dos, que con el tiempo hayan desarrollado unas dinámicas que hayan «matado» la pasión. El tema de la compatibilidad sexual es complejo: hay compatibilidad entre dos personas a nivel de pareja cuando hay «química» entre ellas, además de valores e intereses comunes, patrones emocionales compatibles y voluntad de formar una relación o seguir juntos. La química se percibe a nivel fisiológico, pero en ella pueden incidir varios factores, siendo uno de ellos tus mapas mentales, los llamados *mapas del amor* adquiridos en la más tierna infancia (esa es una de las razones por la que te sientes atraído por ciertos rasgos, como el color de los ojos o el timbre de voz de algunas personas que probablemente te recuerden a otras que fueron relevantes en tu infancia…). Otro factor no menos importante en el nivel de química entre dos personas es la influencia del sistema inmunológico (por ejemplo, cuando te desagrada el olor de una persona, puede ser porque su sistema inmunológico no sea compatible con el tuyo…). En este libro la receta del amor excelente no servirá de mucho si a lo que nos enfrentamos es un problema de química, aunque esto se suele percibir al inicio de una relación… ¿Cómo saber si sois compatibles? Probablemente ya lo intuyes, pero creo que te podría ayudar el ejercicio que te propongo al final de este capítulo.

Por otra parte, si lo que existe es un problema de dinámicas de pareja o de lenguaje de amor (que a menudo se manifiesta a través de un descenso o pérdida de pasión) sí te podremos ayudar. A continuación, te pongo un ejemplo típico de un problema de dinámicas de pareja.

Al principio de una relación solemos estar tan dispuestos a hacer de todo, lo que haga falta: un mero «cariño, ¿puedes tirar la basura?» supone una invitación a vivir una aventura extraordinaria y apasionante caminando cuatro manzanas bajo la lluvia o la nieve en plena noche para cumplir con la misión encomendada. Sentimos tanta pasión por el otro que nada importa. Luego, con el paso del tiempo, las cosas cambian y esa misma invitación a la *aventura* de tirar la basura cosecha un frío e irritado «¿Por qué no lo haces tú?!». Pensamos que eso es normal, que la pasión desaparece... Pero no es así: la mayoría de las personas piensan que dejan de hacer las cosas que hacían al principio de la relación porque ya no encuentran «chispa» en la misma, pero la realidad es otra: la chispa desapareció justamente porque dejaron de hacer esas cosas que hacían. Evidentemente, esto quiere decir que igual que la pasión puede disminuir cuando se dejan de hacer las cosas que la alimentan, también puede aumentar si se sigue alimentándola. Te repito:

> La pasión desaparece porque se dejan de hacer las cosas que la alimentan y no al revés. Si quieres sentir pasión, tienes que hacer aquello que produce pasión. Si dejas de hacer las cosas del amor, dejas de sentir amor de la misma forma que si dejas de sonreír, dejas de sentir alegría.

Este libro trata de esas dinámicas de pareja que nutren el amor y alimentan la pasión y en el te ofrezco una receta para reavivar y mantener la pasión entre dos personas que sienten amor la una por la otra. Si lo que deseas es dirigir tu relación hacia un lugar donde mantener la pasión no sea un reto, sino un hábito diario agradable, aquí encontrarás el método que te ayudará a hacerlo. A continuación, el ejercicio que te prometí.

EJERCICIO

En este ejercicio te daré algunas pautas para determinar si hay compatibilidad real entre tú y tu pareja. Evidentemente, se trata de un pequeño ejercicio, no de un estudio detallado. La meta del mismo es orientarte, no impulsarte a tomar decisiones precipitadas en cuanto al destino final de tu relación. Recuerda que tus respuestas pueden variar también según el humor del momento, o sea que trata de ser lo más objetiva/o posible y hacerte estas preguntas más de una vez. Puntúa en una escala del 0 (mínimo) -10 (máximo) las siguientes preguntas:

1. ¿Cuál es vuestro nivel de atracción física? ¿Encuentras atractiva físicamente a tu pareja?
2. ¿Cuál es tu grado de satisfacción en la cama? ¿Te gusta sentir el tacto de su piel? ¿Te gusta su olor? ¿Te gusta el sonido de su voz cuando te habla cerca de la oreja o por teléfono? ¿Sabe tocarte tu pareja?
3. ¿Sientes que hay compatibilidad emocional entre vosotros? ¿Es fácil llegar a un equilibrio emocional entre los dos y evitar las explosiones? ¿Qué compatibilidad hay entre vosotros a nivel de ritmos (rápido *versus* lento)? ¿Es una ventaja o un inconveniente?
4. ¿Sientes que compartes tus valores más importantes con tu pareja (amor, lealtad, honestidad, fidelidad, familia, trabajo, esfuerzo, abundancia, salud, etc.)?
5. ¿Compartes intereses con tu pareja a nivel de aficiones, ocio, tiempo compartido?
6. ¿Tenéis metas vitales y grandes proyectos en común?
7. ¿Sientes que tu pareja te apoya en tu misión de vida? ¿Te ayuda a crecer y dar lo mejor de ti a la sociedad? ¿Te apoya y anima cuando te vienes abajo o te lastra?

8. ¿Si estáis conviviendo, qué grado de confort relacional hay entre vosotros? ¿Es fácil la convivencia o es motivo de frecuentes litigios?
9. ¿Hay risa y complicidad entre vosotros? ¿Compartís el mismo tipo de sentido del humor? ¿Hay juego, fluidez?
10. ¿Compartís amistades? Si no, ¿os resultan interesantes y divertidas las amistades del otro?
11. ¿Te sientes orgulloso de tener esta pareja a tu lado?
12. El conflicto es inevitable, ¿qué ocurre en caso de conflicto? ¿Es fácil hablar y llegar a un entendimiento común sin rencores ni resistencias posteriores?
13. ¿Sientes que tu pareja se involucra en la relación? ¿Estás satisfecha/o con su nivel de iniciativa? ¿Estás de acuerdo con el reparto del trabajo entre vosotros?
14. ¿Cuando no estás con esta persona, sientes que se mantiene la conexión? ¿La echas de menos? ¿Compartís anécdotas y hechos de vuestro día a día?

Ahora suma todas tus puntuaciones y divide el resultado entre 1,4. A partir de un resultado final de 70 podemos considerar que existe una buena compatibilidad general entre vosotros. Repito: esto es solo un ejercicio. No pretende en ningún caso predecir el futuro de vuestra relación, sino ayudaros a ver más claro y posiblemente enfocar las áreas a trabajar.

¿Qué nos hace felices?
Nos hace felices el amor. Vivimos siempre
la felicidad en una relación.
Por tanto, alcanzamos la felicidad
cuando nos sale bien una relación.

BERT HELLINGER

Relaciones íntimas: visión diferente ¿Estás en un embudo?

DESPUÉS de muchas relaciones fallidas o parcialmente exitosas, y de estudiar y profundizar de la mano de grandes expertos como Anthony Robbins y Cloe Madanes, te puedo decir que lo normal es que una pareja tenga dificultades en varias etapas de su evolución, aunque «no hayan hecho nada» para ello. Estos «problemas» son la forma que tiene la vida de indicarnos que ha llegado el momento de volver a crecer. Los problemas son la forma que tiene la vida de cuestionarnos y lanzarnos retos sobre los temas fundamentales de la existencia. Un problema no es más que una pregunta cuya respuesta todavía no se ha encontrado. Pero, como decía Albert Einstein, la solución a un problema nunca se encuentra en el mismo plano de consciencia en el que fue creado: resolver problemas requiere un salto de consciencia y ¿quién tiene que saltar? Tú, evidentemente: así es como la propia evolución te invita a saltar hacia delante y seguir creciendo.

El camino hacia la plenitud discurre, por tanto, a través de los campos del crecimiento. Y es imposible crecer si prefieres quedarte en tu zona de confort. ¿Por qué? Porque tu zona de confort es lo conocido, tu pasado y la solución a tus problemas de hoy se encuentra, como dijimos, en otro plano de consciencia, o sea en tu evolución. No hay nada como las relaciones íntimas para sacarte de tu zona de confort, arrancarte de tus pantuflas y arrojarte al fuego de la vida. Puede parecer perverso, pero a menudo cuando una relación de pareja «va mal», significa que ¡está funcionando! Si no, no estaríais en ese punto ninguno de los dos. Seguiríais en el pasado, en la luna de miel. Lo que ahora os hace sufrir es lo mismo que antes os hizo gozar y es una invitación para (volver a) crecer juntos.

Veamos un escenario típico de un amor torturado (se oyen gritos…): «Tú ya no eres la persona que conocí. Creía que eras amable y cariñoso, pero ahora veo que tú no eres así, eres frío y agresivo, ni siquiera te reconozco, no sé quién eres de verdad. ¡Me engañaste!».

Esta suele ser una de las típicas expresiones de dolor de una pareja llegando a la parte estrecha «del embudo». En este momento ninguno de los dos sabe ya dónde está ni con quién está, ni lo que hace allí, ni siquiera lo que lo impulsó a meterse en semejante situación. ¿Qué falló?

Nada. Una respuesta sencilla (aunque inesperada). Cuando iniciamos una relación, nos metemos juntos en una especie de embudo. Al principio, al sentir que se gustan, las dos personas empiezan a encontrar validación una en la otra y, poco a poco, a medida que este movimiento va en aumento, sus lazos se van estrechando creyendo cada una haber encontrado (¡por fin!) a «la» persona que siempre anduvo buscando. Eso sigue así hasta que un buen día (más bien un mal día), surja el primer conflicto y ocurra la primera herida. Aquel día esa persona tan excepcional que parecía no tenerte más que buenos sentimientos, aprecio, cariño y total aceptación, se despierta por la mañana y te encuentra «un fallo». ¡Aja! De repente y sin previo aviso, lanza una primera crítica y empieza a regañarte. Sus reprimendas resultan tan duras como inesperadas. Hoy amaneció nublado en el paraíso. Aquel dulce idilio que te bañaba en las aguas cálidas del amor tierno y benevolente, acaba de tomar un cariz turbio y amenazador. No habías vuelto a tener tal sensación de vacío desde aquel lejano momento en el que, de niño o niña, te regañaron por primera vez... por algo que antes era totalmente aceptable, incluso ¡deseable! De repente, hacerte pipí encima, eructar o emitir una ventosidad resultó ser mucho menos gracioso que antes. Ya no era aquello que más divertía a tus ancestros y te reportaba a ti incontables beneficios. Bruscamente se habían acabado las sonrisas, los halagos y los tonos melosos para verse reemplazados por ceños fruncidos, caras severas y reprimendas. De un día para otro se te había bajado del pedestal, que parecía pertenecerte por un carácter vitalicio. Y a partir de entonces pasaste a ser un mero mortal como el resto de nosotros.

Y ahora, lo mismo acaba de ocurrir en tu relación: acabas de ser expulsado del paraíso. Sea lo que sea que hayas dicho o hecho, ya no es tan gracioso ni tan dulce ni tan generoso como lo parecía antes. En todo caso, ya no es tan bien recibido y la respuesta que cosechas contiene una dosis tóxica de rechazo. ¿Y ahora qué?

Claramente no te vas a dejar hacer, vas a luchar: ahora te toca a ti cargar las armas y disparar en los cielos todavía azules del otro. Vas a (de)mostrarle que tampoco pasan inadvertidos sus propios defectos...

Así es como empiezan las guerras de pareja. Aquello que tanto brillaba ayer, hoy ya no brilla tanto y poco a poco nos adentramos en el embudo mientras vamos entrando en crisis. La presencia del otro cada vez más se va haciendo pesada y «punzante»... Llega un momento en que su mera cercanía se torna tan opresora que sería suficiente para subirte la presión arterial, quizá en anticipación a lo que pueda venir. Evidentemente, esto ocurre poco a poco y nos vamos acostumbrando a la ausencia de los gestos de antes. De repente, parece haber «demasiada intimidad» y el aire se vuelve sofocante y enrarecido ahí dentro. Sin esa cercanía no habría problemas...Entonces surge la tentación de hacer marcha atrás, de salir de ahí, pero justamente eso es lo contrario de lo que hay que hacer: ¡hay que marchar hacia delante! Sé que es fácil para mí decirlo, ¡mientras seas tú el que esté, ahí dentro! Además, ni siquiera sabes lo que hay que hacer: lo has intentado «todo» y vuelto a intentar sin resultados. Tus esfuerzos parecen inútiles mientras se va perdiendo tu energía... Un pequeño consuelo: por lo menos no estás solo, el otro padece lo mismo.

¿Y ahora qué? «Eso no funciona», «Me he dejado engañar otra vez», «Saqué el número equivocado», «Seguro que habrá otra persona mejor para mí», «Lo más importante es que me libere y salga de aquí cuanto antes». ¿Correcto?

¡No! Rebobina un poco. Si estás aquí, es porque decidiste meterte, adrede y a fondo, y eso es una buena cosa: has tenido la valentía de tirarte a la piscina. De hecho, ya sabes que de nada sirve hacer las cosas a medias. Ni tampoco te lo aconsejo. Pero ahora te duele y eso es normal. Además, ¿no se suponía que cuando hay amor todo tiene que «fluir»?

No. Si fuera así, ¿cómo crecerías tú?

Te lo repito: cuando una pareja llega al momento del atasco, a la encrucijada, significa que su relación ha estado funcionando: han cumplido con el mandato inicial de fusionarse y buscar juntos la forma de salir de ahí, ¡creciendo! Si no, no estaríamos ahora aquí, revueltos y apretujados.

La mayoría de las parejas que llegan hasta aquí reclaman que el otro dé marcha atrás: que vuelva a ser el que era antes. Pero eso no es posible: no puede volver para atrás ni volver a ser la misma persona (!) tampoco volver a contarte los mismos chistes, ¿verdad? De todas formas, tampoco te reirías ¿o sí? «¡Entonces seré yo el que se vaya! Me voy, me bajo del tren: ¡me separo!», dirás.

La verdad es que no debes hacerlo. Todavía no. Recuerda que por mucho que esta situación te duela, estás aquí porque es aquí donde tenéis que estar en este momento: tú y tu pareja. No es el momento de intentar escapar sino el momento de «entrar más» en la relación. Se trata de atravesar juntos el embudo. Así es como se forjan las grandes relaciones, como se llega a ser una pareja de verdad, una pareja capaz de crear un amor excelente. Lo de antes eran solo los preludios, la forma que tiene la vida de sobornarnos para llegar hasta aquí… a las mismísimas puertas de nuestra propia evolución. Solo en estos momentos de verdadera e «intensa» intimidad cuando el otro nos apunta con el dedo y denuncia esa sombra que llevamos toda la vida tratando de ocultar, solo entonces, podemos empezar a hacernos cargo de quienes somos de verdad, empezando a integrar nuestro lado oscuro de manera sana y positiva, tragando de paso sendas vergüenzas, iras e incomodidades. ¿Cómo se hace eso?

Sencillamente, sacándolo todo a la luz y haciéndonos cargo de lo que salga. De todas formas ya no nos podemos esconder: el otro no solo nos está viendo, sino abiertamente denunciando. ¿Adónde vas a ir pues? A ninguna parte, te quedas aquí, creces y te haces cargo. En realidad es haciéndote cargo de que creces. Esa es la razón por la que las relaciones nos hacen crecer. Es más, ¿cómo podríamos crecer fuera de las relaciones? ¿Quién nos iba a mostrar nuestra propia sombra y retarnos a integrarla?

Cuando una pareja hace el trabajo de crecimiento, los dos juntos atraviesan el embudo cogidos de la mano, a pesar del dolor y de la vergüenza que se sienten al estar desnudos y vulnerables, llegan a ese anhelado remanso de paz, aquel oasis donde florece el amor excelente, surgido desde las profundidades del ser para ser regado por las frescas aguas de la intimidad. Y allí, hacia este oasis, es hacia donde quiero dirigirte con tu pareja.

No temas, tu relación no se está desmoronando: está funcionando. Y seguirá haciéndolo si tú mismo no te desmoronas antes. ¿Serás capaz de aguantar tu ansiedad para darle una oportunidad a ese proceso? Espero que sí, porque, si lo haces, tu relación, la misma que ahora se encuentra «atascada» en este maldito embudo, será un trampolín hacia tu nuevo ser más grande, más sabio y más profundo. Un ser que puede contener más amor, un amor excelente.

Somos felices cuando tenemos familia,
y somos felices cuando tenemos amigos,
y casi todas las otras cosas que creemos
que nos hacen felices son, en realidad,
vías para tener más amigos y más familia.

DAN GILBERT

El amor excelente

Esa sensación que tú buscas, que yo busco y que muchos buscan es la de VIVIR, plenamente y con mayúsculas, con amplificador *dolby surround* y sensaciones envolventes, como en una moderna sala de cine. Es una sensación de plenitud, de conexión con la vida, de bailar y vibrar con ella. ¡Es la pasión!

> Así se puede tener por un trabajo, una afición, por la naturaleza u otros seres de la creación, pero no hay sitio en el que podrás sentir mejor sus efectos que en el marco de una relación íntima con otro ser humano.

La pasión nos atrae y aterra a la vez, por eso algunos somos adictos a las relaciones mientras que otros prefieren aislarse de sus turbulencias. Las relaciones íntimas son el amplificador de nuestras emociones y el lugar donde se encuentra más «vida» por segundo. Aquí es donde se entremezclan vidas pasadas, vidas presentes y vidas futuras, percepciones, anhelos y realidades sobre el otro y sobre uno mismo con luces, sombras y penumbras. Estás tú, con todas las versiones de ti y el otro con todas sus facetas enzarzados en una situación, fascinante, compleja y apasionante. Aquí encontrarás vida por un tubo, subidas y bajadas, zigzagueos, idas y venidas, acelerones vertiginosos y momentos de calma chicha: pasión desfilando con su traje de luces y colores, vibrando con toda la riqueza de tus emociones.

Sin pasión es difícil sentir los latidos de la vida y sin color percibir su riqueza. Una relación íntima es un estetoscopio colocado encima del corazón de la vida para escuchar sus más íntimos susurros. Y ¿qué es lo que te susurra la vida cuando abre sus labios y habla solo para ti? La vida habla de amor, aquella sustancia que hace que las demás tengan sentido. La experiencia que da sentido a todas las experiencias y a su propia existencia, porque, sin amor, todo pierde su razón de ser y la pasión se quedaría en mera turbulencia, pasando sin siquiera dejar rastro en el tejido de la vida.

Según Dan Gilbert (profesor en Psicología de la Universidad de Harvard), la mayoría de las cosas que nos hacen felices no son más que vías para obtener amor, porque realmente somos más felices cuando tenemos relaciones íntimas con otros seres y cuando nos encontramos sumidos en el amor. El amor no solo nos hace más felices, sino que también nos hace más prósperos, saludables e incluso longevos, como ha quedado demostrado por múltiples estudios y publicaciones. ¿Será posible que hayamos descubierto, hace mucho tiempo ya, el elixir de la juventud y que nos estemos olvidando sistemáticamente de tomarlo?

Una de las cosas que nos caracteriza como seres humanos es nuestra constante búsqueda de sentido: necesitamos encontrarle sentido a nuestra existencia y al universo que nos rodea. Necesitamos comprender nuestras experiencias para poder integrarlas y seguir adelante. Cuando encontramos el sentido a la experiencia, sea esa una experiencia de amor o de sufrimiento, nos sentimos vivos y validados. El hecho de «saber» no solo nos permite saborear e integrar, sino que también nos hace capaces de aguantar. En aquellos momentos, en los que por fin se enciende la luz interior, nos sentimos iluminados por dentro y por fuera y esa luz nos ayuda para volver a enfocar el camino y tirar hacia delante con decisión, energía y pasión.

Pasión es la energía que emana de nuestro propio espíritu cuando nos sentimos «inspirados», «en espíritu», o sea, cuando nos permitimos percibir la dimensión espiritual de cada experiencia. Y no hay experiencia más espiritual que la del amor, ya que nos pone en contacto con lo más profundo de nosotros mismos.

La pasión a la que nos queremos referir en este libro emana de un amor especial con una dimensión profundamente espiritual: el *amor excelente,* un amor que se crea día a día, cocinándolo lentamente y a conciencia.

El amor excelente se cocina ¡como el buen pan! Y de la misma manera que el pan alimenta, deleita y calienta el cuerpo, el amor excelente alimenta, deleita y calienta el espíritu. Ambos se consumen tiernos por dentro y crujientes por fuera. El amor excelente, como su homólogo más terrenal, el pan, tiene cuatro ingredientes esenciales que se asemejan al agua, la harina, la levadura y la sal que se entremezclan en las sabias manos del panadero. Aquí los tienes:

- ✓ **Empatía.** A menudo, una relación no acaba de cuajar, porque, a pesar de estar metidos hasta el cuello, sus integrantes siguen albergando dudas sobre el otro, sobre uno mismo o sobre la viabilidad de la relación. En algún momento hay que saber desprenderse de la duda, tomar una decisión y entrar de una vez en la relación creando una nueva historia acerca del otro, sus motivos e intenciones. ¿Serás capaz de «ver el mundo a través de sus ojos»? Este libro te ayudará a comprender las principales necesidades y motivaciones profundas de cada persona, que tienen que ser satisfechas para la buena marcha de la relación. Para ello será necesario abordar las relaciones y los conflictos de pareja desde una nueva perspectiva. La empatía es la harina, la base de la relación.

✓ **Entusiasmo.** Uno de los requisitos del amor excelente es tener un nivel de energía lo bastante alto para poder sentir pasión. Una persona que se siente cansada, que tiene la sensación de estar agotada y con la energía por los suelos difícilmente podrá soportar los remolinos de la pasión si es que llega a sentirla. Por tanto, sea cual sea tu situación actual, no debes desanimarte ni dejarte abatir. Recuerda que tu relación es una oportunidad de crecimiento para los dos. Para poder seguir adelante y crecer, tienes que ser capaz de controlar tus niveles de ansiedad y encontrar dentro de ti la energía y el entusiasmo necesarios para vivir los procesos del amor. El entusiasmo (y la colaboración) son como el agua para el pan: no solo mantienen la mezcla fluida y maleable, sino que son los ingredientes necesarios para que los demás se fundan en uno. Se trata de saber encontrar al otro, honrarlo y apoyarlo desde el compromiso personal y con entusiasmo. El entusiasmo es la base de la pasión.

✓ **Espiritualidad.** Para que fluya la pasión tiene que haber intimidad y para poder intimar realmente con una persona, hay que estar dispuesto a conectar con su esencia, su propósito vital y asumir el riesgo de ver y ser visto. La intimidad se fundamenta en la vulnerabilidad (la permeabilidad), que es la capacidad de abrirse hacia el otro. La vulnerabilidad es la levadura del amor, la que permite que el aire penetre dentro de la masa haciéndola esponjosa y comestible. Sin aire lo que obtendrías al final no sería pan, sino un churrusco duro de masticar e imposible de digerir. Quizá te incomode oír la palabra *vulnerabilidad,* pero tendrás que aprender a gestionar esa incomodidad para poder explorar los confines de la intimidad. Para hablar de vulnerabilidad (e intimidad), es imprescindible ser capaz de elevar el punto de mira y contemplar la experiencia desde el espíritu, ya que solo desde ahí, podrás apreciar que lejos de ser una debilidad, la vulnerabilidad es el verdadero asiento de tu poder personal.

✓ **Erotismo.** Si nos limitáramos solo a conseguir los ingredientes anteriores, lo que conseguiríamos sería un pan bueno, pero sin el suficiente sabor e interés gastronómico. Para llegar a ser excelente e interesante, el pan (como el amor) debe tener su punto óptimo de sal. Lo que «sala» el amor y permite contemplarlo en toda su magia, es el erotismo, pero, para poder utilizar sus capacidades transformadoras, habrá que dejar fuera algunos de los prejuicios adquiridos a lo largo de siglos de civilización e influencias religiosas. El erotismo, que es función del cerebro, es esta telaraña de guiones e imágenes que alimentan el deseo y la vida íntima humana. Para «salar» la relación, hay que crear y aderezar a consciencia una historia erótica que nutra y aumente la polaridad de la energía sexual de la pareja. Sin polaridad, la energía sexual se atasca, ya que, como toda energía, solo puede fluir entre polos de carga opuesta, en este caso masculina y femenina. Masculino y femenino se refieren a la esencia sexual o «carga» de cada persona (no su género). Para aderezar a conciencia tu historia, recuerda añadirle una pizca de curiosidad, otra de variedad y aventura y finalmente algo de riesgo.

Los cuatro ingredientes mencionados con anterioridad conformarán la hoja de ruta en nuestro viaje hacia el amor excelente. En las páginas siguientes profundizaremos en cada uno de ellos para ver cómo infundir más inspiración a nuestras vidas y más pasión a nuestras relaciones.

Empatía
y
entusiasmo

Cada acto de creación es ante todo un acto de destrucción.

PABLO PICASSO

Cómo ser el guionista de tu propia historia de amor

Como bien dijo Picasso, todo acto de creación empieza por un acto de destrucción. Usurpando algo de su gran sabiduría, propondré empezar por ver como se destruye el amor antes de crearlo. ¿Te atreves?

Imagina que acabas de separarte de una persona a la que todavía quieres mucho y ella es la que te dejó. Lo normal es que te lamentes: has perdido a «una persona increíble», «no hay nadie igual», «nadie jamás me podrá hacer sentir como ella». Pero respira profundamente por un momento. ¿Es verdad que nadie jamás te podrá hacer sentir así? ¿Quién es el que siente? Eres tú y tú sigues aquí. Por tanto, aunque tengas en este momento la necesidad de exagerar las cualidades de la otra persona para poder sentir y llenarte de dolor (¡mejor que el vacío!), ambos sabemos que ese «sentir» siempre fue algo tuyo y no suyo. A lo mejor ella ayudaba a «disparar» los mecanismos que tú necesitas disparar para poder sentir lo que quieres sentir. Tu dolor es también otra forma de mantener la relación que te une a esa persona, así que quizá sea lo que tú quieras sentir en este momento. ¿O no? ¿No? Entonces tendrás que cambiar de estrategia para poder sanarte y reconstruir tu vida. Veamos cómo.

Mientras tú sigas contándote a ti mismo y a los demás esta historia, embelleciéndola cada día un poco más, más difícil será lograr cortar con esa persona y romper el vínculo que te hace sufrir. Para salir de ahí, tendrás que empezar a crear una película mental totalmente diferente y si fueras totalmente sincero contigo mismo, verías que, probablemente, todo no era agua de rosas, así que eso puede que sea más fácil de lo que imaginas…

Aunque no os hubierais faltado nunca el respeto, seguramente tu «ex» y tú tuvisteis momentos difíciles: enganches, desacuerdos, desencuentros, discusiones… Momentos en los que te sentiste maltratado, infravalorado o, quizá peor, traicionado. ¿Qué sientes al evocar aquellos momentos?

Imagino que no será algo bueno pero por lo menos se te habrán secado las lágrimas ahora… ¿Observas como cambiando tu película mental, se logra cambiar tu estado anímico? Si te centras en las escenas desagradables, probablemente te cueste volver a llorar hoy.

La historia que te cuentas a ti mismo sobre cualquier persona o situación (la película que creas en tu mente acerca de ellos) afectan de forma directa a tu predisposición, a tu estado anímico e incluso a tu forma de relacionarte con esa persona o situación. El poder de tu mente es tal que podrías llegar a enamorarte o desenamorarte de una persona únicamente viendo tu propia película.

Ahora bien, ¿quién es el creador de esa película tan potente que puede enamorar y desenamorar, unir y separar? Tú, y evidentemente este es tu guión. En cualquier relación existen momentos buenos y momentos malos, y tú eres el que elige en cada momento cuáles retratar en tu pantalla mental. Esa representación virtual de la relación desfila a diario por la pantalla mental de cada uno y, en general, se convive más con ella que con la pareja de carne y hueso. Por tanto, tienes plenos poderes para cambiar la historia cuando tú quieras. He aquí tu gran responsabilidad sobre la relación. ¡Piénsalo!

Y recuerda, de paso, que pensar es el proceso de selección consciente de imágenes e historias con el fin expreso de provocar sensaciones y estados diversos en el cuerpo, no es simplemente dejarse atravesar por pensamientos, como la mayoría hacemos. Juntando imágenes felices con alguien creas amor y juntando imágenes infelices creas dolor.

> Amar es ante todo una decisión, un proceso activo y consciente de creación de amor.

Tu relación nunca podrá ser mejor que la película que desfila en tu mente. ¿Por qué no decidir conscientemente entonces volver a enamorarte cada día de la persona que tienes junto a ti?

Quizá te sorprenda este enfoque y puedo imaginar algunas de tus objeciones: «Si lo hago así, no será amor, ni será sincero, ¿no se supone que el amor tiene que surgir de forma espontánea entre dos personas? No suena nada romántico»... Oigo y respeto tus objeciones, pero permíteme aclararte algo antes de seguir: rara vez nos relacionamos con las personas en función de los hechos reales y con la sinceridad que creemos, sino de acuerdo a nuestra propia percepción de esos hechos, o sea los hechos vistos a nuestra manera y según el estado emocional (y físico) en el que nos encontremos en ese momento. El estado emocional influye de forma decisiva en nuestra interpretación de los hechos: uno no se toma de la misma forma que su pareja se olvide de coger su sabor favorito de helado en el supermercado el día que llega a casa eufórico, porque el jefe le acaba de anunciar un aumento, que después de un despido.

Nuestro cerebro no tiene acceso a la realidad por sí solo. Se limita a interpretar la información transmitida por los órganos sensoriales y a reconstruir una imagen virtual de la misma. El significado de las cosas se determina comparando esas imágenes con escenas ya almacenadas en la memoria. Por tanto, ver es, en el fondo, un acto creativo y uno solo «ve» lo que ya crea o conoce. ¿Te has preguntado alguna vez si lo que afirmas saber sobre tu relación se corresponde a la realidad de la misma y no mera interpretación o espejismo tuyos? Si quieres mejorar tu relación (y de paso ganar en tranquilidad) puedes decidir mejorar tu propia visión de la misma.

Ver las cosas mejor de lo que son no es ninguna herejía como puedas pensar: ¡es la capacidad principal que distingue al líder del seguidor! Un líder «ve» oportunidades donde los demás no ven más que desolación. Por eso se dice que el líder tiene «visión». Lo que te estoy proponiendo de entrada, es que empieces a liderar tu relación y tu vida ¿por qué no? desarrollando una visión más positiva de las mismas. Decide cómo quieres que sean, visualízalo en tu mente y empieza a materializarlo sobre el terreno.

EJERCICIO

Siéntate en un lugar tranquilo e intenta hacer el vacío en tu mente.

Trata de olvidarte de lo que ya sabes sobre tu relación. Imagina que acabas de encontrarte con tu pareja y céntrate en lo que más te gusta de ella, solo lo positivo.

Imagina cómo te relacionarías con esta persona.

Sigue creando tu historia de amor con la persona que ves en tu pantalla mental.

Trata de visualizar esta película en tu mente varias veces al día.

Nota cómo te vuelves más optimista y aumentan tu vitalidad y nivel de energía.

Observa también como cambia tu predisposición hacia tu pareja y, posiblemente, la suya también.

Solos hacemos muy poco;
juntos podemos hacer mucho.

HELEN KELLER

Únete a la ruta de los alpinistas del amor (sin salir de casa)

EL buen líder es el que «sirve» a su pueblo: el mayor honor es estar al servicio. Servir a tu pareja no significa convertirte en su esclavo o esclava. Te lo digo de entrada, porque muchas personas se rebotan nada más oír la palabra «servir» (que posiblemente les evoque tiempos de «amos y criados») y rápidamente reaccionan con frases como: «Yo no estoy al servicio de nadie», o bien «No soy esclavo o esclava de nadie» o a modo de juego «que me sirva él/ella primero a mí, luego veremos»... De hecho, creo que ha llegado el momento de introducir el esquema de los niveles de relación del que te hablé brevemente en la introducción. Ten en cuenta que este esquema es para ayudarte a situar la tónica general de tu relación, pero que, según los momentos y las circunstancias de la vida, te encontrarás fluctuando entre un nivel y otro.

- En el **NIVEL 1, el amor infantil,** experimentamos un amor totalmente egoísta. No dudamos en controlar ni en manipular al otro que solo existe para la satisfacción de nuestros propios deseos: se trata de un mero objeto sexual... Las emociones predominantes en este nivel son miedo y poder y la relación puede dar lugar a todo tipo de abusos, ya que un potencial abusador ha encontrado a su víctima perfecta...

- En el **NIVEL 2** se encuentra el **intercambio mercantil** (a veces llamado nivel de prostitución). Se trata de un amor condicional en el que habiendo llegado a la igualdad, se ha creado un equilibrio, precario eso sí, en la balanza de poder. Cada uno despliega sus armas y artimañas para obtener lo que necesita, pero nada es gratis. Estamos en una situación de trueque y todo tiene precio, todo está a la venta. Toda interacción queda debidamente contabilizada y para poder recibir lo que uno necesita, tiene que estar preparado a pagar el precio que le marca el otro. La relación es fundamentalmente una relación de negocio donde cada uno está enfocado en lo que tiene que recibir. Es el nivel del «tú me debes»… Las emociones predominantes son la rabia, la frustración, la soledad y la tristeza, además de una pérdida paulatina del deseo sexual. A veces se llega a añorar ser el objeto sexual del otro… Desafortunadamente, este es el estado actual de las cosas en el mundo y aquí es donde se encuentran la mayoría de las relaciones.
- En el **NIVEL 3 el amor espiritual o madurez en las relaciones**, representa un nivel superior en el que el amor es una expresión de tu ser: amas al otro porque eso es lo que tú eres, amor. Los integrantes de la relación no están aquí solo para recibir, sino también, y sobre todo, para dar, para servir. Es una relación de contribución en la que el placer consiste en dar, en proporcionar felicidad al otro. Aquí vive el «Yo te amo»… La vibración de la relación aumenta y con ella vuelve a encenderse el deseo sexual, porque el otro ya no es percibido como un objeto sexual del que te puedes cansar, ni un contrincante empresarial del que tienes que descansar, sino una persona maravillosa que tienes el privilegio de descubrir

en todas sus facetas. Mientras que en el primer nivel solo se descubre al otro de manera superficial y en el segundo ni siquiera se le ve, ya que solo se negocia con él hasta el aburrimiento, en este empieza la experiencia del descubrimiento en profundidad: la intimidad. A medida que se va desvelando el otro como ser humano en permanente evolución, se descubre un ser infinito que despierta una pasión sana y rejuvenecedora. Las emociones predominantes son conexión, amor, expansión, aceptación, apreciación, generosidad y gratitud.

- En el **NIVEL 4** de relaciones, **la santidad**, se sigue amando al otro aunque nos haga daño. Este nivel es propio de los personajes extraordinarios como Jesús, Gandhi, Nelson Mandela o el Dalai Lama. Este es el nivel del amor incondicional y las emociones predominantes aquí son el perdón, la aceptación, la contribución…

Por tanto, no caigas en el error que te mencionaba al principio del capítulo, el de pensar que servir es «ser esclavo de». Mucha gente lo hace y su relación se acaba convirtiendo, en el mejor de los casos, en un mero intercambio mercantil, en un «yo te doy solo si tu me das primero», lo cual mata rápidamente la pasión. Por supuesto, tampoco es razonable que solo tú des pero no es bueno para la relación estar todo el tiempo mirando los platillos de la balanza a ver si siguen equilibrados. Y mucho menos instalarse en el reproche o la queja cuando la balanza se inclina del lado del otro.

La pérdida de pasión es inevitable cuando nos encontramos inmersos en este tipo de dinámicas pero el gran argumento de este libro es que esto no significa forzosamente el final de la relación, solo una etapa de la misma, siempre y cuando se siga avanzando hacia el nivel siguiente donde se vuelve encender la pasión. La lógica es sencilla: sientes más aquello que das que lo que recibes. Cuando das amor, sientes que el amor te inunda por dentro, te sientes feliz y cuando das reproches, tus palabras te llevan primero para abajo a ti ya que, en el fondo, no son más que la expresión de tu propia energía en ese momento. Haz por tanto que tu relación sea una zona de servicio, libre de reproches. En el capítulo siguiente veremos cómo.

EJERCICIO

A lo largo del libro irás encontrando una serie de ejercicios. No es obligado hacerlos, pero creo que pueden serte útiles. En este caso vamos a hacer un ejercicio de reflexión:

- ✔ ¿En qué nivel de relación te encuentras en este momento?
- ✔ ¿Estás en la mentalidad de servicio o de reproche?
- ✔ ¿Crees que eso puede afectar al nivel de pasión que hay en tu relación en este momento?
- ✔ ¿Qué cosas puedes hacer para cambiar?

Compártelo con tu pareja.

Todo aquello que nos irrita de los demás, puede conducirnos a una comprensión de nosotros mismos.

C. G. Jung

Si no sabes lo que quieres, ¿cómo te lo voy a dar?

He aquí una caricatura de un teatro familiar.

Escena conyugal número uno: Paco ha tenido hoy un día duro en el trabajo. Vuelve tarde y cansado. María ya está en casa preparando la cena e intentando controlar a sus hijos. Nada más entrar Paco por la puerta, se escucha la voz irritada de María desde la cocina: «¿Por qué has tardado tanto? No es justo que tenga que hacerlo todo siempre sola, ¡ni que fuera madre soltera!», mientras se le abalanzan los niños excitados. Paco está a punto de estallar cuando María vuelve a atacar: «La bombilla del baño está fundida, y el grifo sigue perdiendo agua, ¿no lo ibas a arreglar?»

Escena conyugal número dos: Paco y María han tenido otra discusión, la tercera de este mes. Ninguno de los dos se siente considerado ni valorado por el otro. Paco está tirado, como un desecho humano, en el sofá viendo la tele mientras María está colgada al teléfono contándole a su hermana lo sola y cansada que se siente en su propia casa. Cualquier tentativa de conversación por su parte apenas recibe monosílabos a modo de respuesta por parte de Paco. Una cosa está clara: hoy tampoco habrá sexo… Lo más duro es que, antes de volver a casa, ambos ansiaban, cada uno por su lado, mantener un encuentro íntimo y apasionado como los que solían tener antes. Pero aquello parece tan lejano, ya que solo quedan atisbos en la memoria de cada uno que pueden vislumbrar de vez en cuando. La verdad es que ambos se sienten frustrados, incomprendidos y mal queridos. Su matrimonio va a la deriva, y eso que, cuando se casaron, la cosa prometía… ¿Qué ha pasado aquí? Que Paco y María se han olvidado por completo de las necesidades del otro, han dejado de preocuparse del otro.

> Comprender al otro significa ver y apreciar sus circunstancias, entender sus necesidades, físicas y emocionales: conocer SU verdad. Es también aceptar y apreciar a esa persona, lo que requiere cierta apertura por ambos lados. Una relación es un medio de satisfacer las necesidades emocionales de dos personas, que les permite sentir conexión, expresar amor, favorecer el crecimiento personal y espiritual, contribuir a la felicidad del otro y experimentar una rica variedad de emociones, incluyendo las sensaciones de relevancia y seguridad.

Los seres humanos nos relacionamos por necesidad y, para entender las dinámicas de nuestras relaciones, tenemos que entender antes nuestras propias necesidades. Todos los seres humanos (hablamos de adultos, claro) tenemos básicamente seis necesidades:

✓ **Seguridad/certeza:** Necesitamos cierta estabilidad en la manera en la que son atendidas nuestras necesidades básicas (alimentos, vivienda, cuidados básicos y otros recursos materiales). La necesidad de certeza puede variar entre las diferentes personas. Hay quien puede contentarse con lo mínimo y hay quien necesita dominar el mundo para sentirse seguro. Esa necesidad nos impulsa a querer controlar nuestro entorno buscando estabilidad y confort. Cuando las personas no pueden controlar sus circunstancias físicas, suelen buscar seguridad a través de un estado de ánimo (como la fe religiosa o una actitud positiva).

- ✓ **Variedad/libertad:** Conseguido un mínimo de seguridad, nos encontramos rápidamente asfixiados por la rutina y buscamos variedad. Es necesario poder cambiar nuestros estados físicos y emocionales para ejercitar nuestro cuerpo y sistema nervioso. Buscamos variedad a través de distintos estímulos, como el cambio de escenario, la actividad física, los cambios de humor, el entretenimiento, la comida, los viajes, los estudios, etc. Para unos serán necesarios los deportes de alto riesgo o las grandes aventuras, y para otros bastará con pasear por lugares nuevos.
- ✓ **Relevancia/importancia:** Todo el mundo necesita sentirse especial, único e importante de vez en cuando para algo o para alguien. Las personas buscamos el reconocimiento de los demás a través de los éxitos, aunque haya quien lo haga en un sentido negativo, mediante la destrucción de algo o alguien (cuando la gente se siente insignificante, a veces intenta suplir este sentimiento y ganar importancia ante los demás o ante sí misma enfadándose, provocando, molestando, irritándose...). El aspecto positivo de la relevancia es que nos permite retarnos y crecer marcándonos nuevas metas. El aspecto negativo es que si nos enfocamos demasiado en nuestra propia relevancia destruimos la sensación de conexión con los demás.
- ✓ **Conexión/amor:** Los seres humanos necesitamos sentirnos vinculados con algo o alguien —una persona, un ideal, un valor, un hábito, un sentido, una identidad—. Existe dentro de nosotros una necesidad de unión, y de búsqueda de cierta calidez y ternura. La conexión puede tomar la forma de un sentimiento de amor (o intenso compromiso) o, por el

contrario, adoptar la forma de una interacción agresiva, ya que esta también proporciona un cierto vínculo. El amor va mucho más allá de la mera conexión, pero también requiere mucho más coraje y trabajo. Normalmente nos damos por satisfechos con experimentar cierta sensación de conexión.

- ✓ **Crecimiento/expansión:** El Universo está en constante evolución y crecimiento. Lo que no crece, muere. La gente deja de sentirse satisfecha cuando cree que está «tocando techo» en cualquier ámbito: trabajo, dinero, relaciones, etc. Es necesario sentir las propias capacidades en expansión para poder sentir el flujo de la vida. Para mantener algo con vida, hay que cultivarlo para que crezca, si no se marchita y se muere, ya sea una relación, una pasión, un trabajo, un talento, un pasatiempo o incluso una fortuna personal.
- ✓ **Contribución/legado:** De la misma forma que nadie hubiera podido sobrevivir sin los que contribuyeron a su bienestar, las personas necesitan poder contribuir a su vez y sentirse capaces de aportar algo valioso a los demás. Esa necesidad de llegar más allá de uno mismo o una misma y aportar a la familia, a la comunidad o a la sociedad en general es una de nuestras necesidades fundamentales en la vida.

Estas seis necesidades humanas son el motor y la fuerza impulsora de nuestra vida. Todos estamos constantemente tratando de satisfacerlas todas, pero priorizamos siempre dos por encima del resto. Estas dos necesidades suelen convertirse en el motor de nuestra vida y nuestras motivaciones. Cuando las conocemos y somos conscientes de ellas, tenemos más claras las cosas y los que nos rodean también pueden entender mejor nuestras opciones vitales y nuestros patrones emocionales. De la misma forma, si sabemos cuáles son las que prioriza nuestra pareja, podemos entender mejor su manera de estar en el mundo y aprender a relacionarnos de manera satisfactoria con él o ella. Un individuo que valora mucho la seguridad, por ejemplo, tendrá una vida radicalmente diferente de aquel que valora más la variedad. Del mismo modo, una persona cuya atención se centra en la relevancia personal interactuará con los demás de una manera muy diferente de alguien cuya necesidad número uno es la conexión o el amor.

Dicho esto, volvamos por un momento con Paco y María para tratar de entender e interpretar la dinámica de su relación desde el punto de vista de sus necesidades personales. Paco lleva años trabajando para escalar los eslabones corporativos de su empresa. Como la mayoría de los hombres, necesita sentirse reconocido, importante, relevante en su trabajo y en su familia. Su necesidad primordial es la relevancia. Para sentirse feliz, necesita sentirse apreciado y valorado.

María, por su parte, lo está dando todo por su familia. Mantiene excelentes relaciones con sus colegas de la oficina y sus amigas. Su necesidad primordial, como en la mayoría de las mujeres, es la conexión y el amor. Para ser feliz, necesita sentirse querida y comprendida.

Ahora veamos la dinámica que se produjo entre ellos al volver a casa. María, que estaba cansada y nerviosa, necesitaba sentirse apoyada, segura, comprendida, querida. Por su parte, Paco, después de un día duro también, necesitaba recibir muestras de reconocimiento por parte de su familia, sentirse valorado por aquellas personas que tanto le importan. Al entrar por la puerta, se produjo el desastre, porque ninguno de los dos se paró, ni un solo instante, a pensar primero en las necesidades del otro. Y mucho menos en intentar cubrírselas. Cansados, cada uno esperaba recibir del otro antes de tener que darle nada más. Al zarandear a Paco, María lo atacó donde más le podía doler: su necesidad de relevancia. De repente, se sintió infravalorado. Pero, por su parte, Paco tampoco dio a María lo que más necesitaba en este momento: sentirse conectada y apoyada por su marido. ¿Cómo hubieran podido actuar? Primero, tratando de entender las necesidades que subyacen los comportamientos del otro. Cada comportamiento humano se puede interpretar, o bien como un acto de amor, o bien como una llamada de socorro. El comportamiento de María era claramente una llamada de socorro a la que un hombre masculino hubiera tenido que saber contestar, dándole a su mujer inmediatamente lo que más necesitaba: su presencia. Por su parte, María también hubiera podido tomar las necesidades de Paco y proporcionarle el reconocimiento que necesitaba. ¿Imaginas lo que hubiera ocurrido si Paco hubiera respondido a la llamada de María corriendo a abrazarla y tranquilizarla en lugar de enfadarse?

Mi padre solía decir que se podían cazar muchas más moscas con una cucharada de miel que con dos barriles de vinagre. Tratar de satisfacer la verdadera necesidad de la persona que tenemos delante es como darle una cucharada de miel, pero a menudo, hacemos todo lo contrario: intentamos amansarla con dos barriles de vinagre.

> No se puede construir una relación armónica sin atender a las necesidades del otro: se trata de dar lo que de verdad necesita el otro, no lo que uno cree que debería necesitar...

Cada vez que sentimos una conexión especial con una persona, si nos damos cuenta, veremos que algo interesante ha ocurrido: de una manera u otra esta persona ha logrado cubrir dos de nuestras necesidades vitales. Por ejemplo conocemos a una persona que nos cae bien porque, a lo mejor, se interesa por nuestras cosas y nos hace reír. Eso significa que esa persona cubre, de manera inconsciente nuestras necesidades de variedad y relevancia. Cuando otra persona cubre cuatro de nuestras (seis) necesidades, solemos considerar que existe un lazo sólido y profundo con ella. Cuando alguien logra satisfacer nuestras seis necesidades, este lazo se transforma en una unión para siempre. ¿Por qué? Por esta sencilla razón: ¿quién va a dejar a una persona con la que se siente plenamente satisfecho?

Una idea más: las tres primeras necesidades (seguridad, variedad y relevancia) son nuestras necesidades primarias; todo ser humano en el planeta necesita poder satisfacerlas de un modo u otro para asegurar su propia supervivencia. Las tres últimas (amor, crecimiento y contribución), sin embargo, son necesidades del espíritu, necesarias para la realización humana. No hay vida posible sin cierto grado de seguridad, un mínimo de variedad y algo de relevancia personal. Pero no hay mayor dolor que una vida desprovista de sentido. Y solo el amor y la posibilidad de crecer y contribuir pueden darle sentido a nuestra vida.

EJERCICIO

El siguiente ejercicio trata sobre el reconocimiento de las necesidades propias y de la pareja. Recuerda que no puedes relacionarte de forma satisfactoria con una persona si no reconoces e intentas satisfacer sus necesidades primordiales.

Primero, ordena a solas la lista de las necesidades, numerándolas de 1 (la más importante para ti) a 6 (la menos importante). Comprueba que las dos primeras sean las que de alguna manera determinan más tu personalidad y tu forma de estar en el mundo. Si haces el ejercicio en pareja, el otro o la otra deben hacer lo mismo.

A continuación haz una lista tratando de adivinar en qué orden ha puesto tu pareja sus seis necesidades. Tomaos el tiempo que os haga falta y, cuando hayáis acabado, comparad vuestras listas, comentando las diferencias y coincidencias entre lo que habéis marcado como prioritario cada uno y lo que vuestra pareja pensaba que era prioritario para vosotros. Ah, una cosa importante: este no es un ejercicio de reproches, sino de compresión de la pareja; el objetivo es obtener un balance de la situación para poder actuar, no tirarnos la vajilla a la cabeza.

Ahora en una escala de 0-10 (siendo el 0 «nada satisfecho» y 10 «totalmente satisfecho» puntúa tu grado de satisfacción en cada uno de las seis necesidades. Finalmente, y tomando como base la clasificación de tus necesidades y las de tu pareja, plantéate las siguientes preguntas (y comparte las respuestas con el otro o la otra):

- ✔ ¿Qué puedo hacer para mejorar mi situación? ¿Qué tres acciones concretas puedo hacer para satisfacer mejor mis seis necesidades?
- ✔ ¿Qué puedo hacer por mi pareja? ¿Qué tres acciones concretas puedo proponerle para contribuir a satisfacer sus necesidades?
- ✔ ¿Qué puede hacer mi pareja por mí? ¿Qué tres acciones concretas podría realizar para ayudarme a satisfacer mejor mis necesidades?

Este es uno de los ejercicios más reveladores de este libro, pues ayuda a construir una relación con un alto contenido de amor e intimidad. Para lograrlo, es importante que tengas presente una cosa: no se trata de hacer un simple intercambio, un «yo te doy tal cosa y tú a cambio me das tal otra». Esto sería una relación simple y vulgar de intercambio de «favores», algo más parecido a la prostitución que al verdadero amor. De lo que se trata es de entender de verdad las necesidades del otro y honrarlas, simplemente porque lo quieres. No se trata de vender un «servicio» al otro a cambio de algo, sino más bien de agasajarlo, como si fuera un invitado VIP que recibes en tu casa. La intimidad se construye día a día, aprendiendo a cambiar la mirada sobre el otro para que sea más amorosa y compasiva. Se trata, en definitiva, de aprender a contribuir a la felicidad de la persona que queremos.

Soy egoísta, impaciente y un poco insegura.
Cometo errores, estoy fuera de control
y a veces soy difícil de manejar.
Pero si no puedes con lo peor de mí,
entonces seguro que no mereces
lo mejor de mí.

MARILYN MONROE

Cómo ganar el conflicto sin ganar al otro

Si a pesar de conocer las necesidades mutuas y de tener ambos la voluntad y la energía para satisfacerlas, sigue sin nacer o renacer la pasión, puede que estés en conflicto con la otra persona. Aunque sería más correcto decir que tus creencias están en conflicto con sus creencias. Vamos a ver en qué consiste esto.

La mayoría de las personas temen y rehuyen los conflictos, limitando efectivamente su vida, ya que eligen permanecer confinados dentro de su perímetro de seguridad. Un conflicto no es más que un cruce entre perspectivas diferentes, en sí mismo no es algo malo, sino casi todo lo contrario: una de las zonas más fértiles de la relación con un enorme potencial de crecimiento, ya que el cruce de esas dos perspectivas podría dar lugar a una tercera más rica y más elaborada. Tomados así, los conflictos no son perjudiciales para la pareja; lo que sí puede llegar a perjudicar es la forma de resolverlos. El problema surge cuando ambos miembros de la pareja deciden creer que *su* perspectiva es la única correcta. Cuando una persona alberga una creencia que considera absolutamente cierta, la eleva al rango de dogma o regla general y es el choque entre las reglas de uno y las reglas de otro lo que causa estragos en la pareja, al dilapidar toda energía creativa o pasión. Esto último ocurre no solo a nivel de pareja, sino también a nivel de la sociedad en general.

Imagina cuántos conflictos se generan a diario en las parejas sobre la manera de dejar la ropa sucia (en el suelo o en el cesto), la forma de exprimir el tubo de pasta de dientes (partiendo desde atrás y doblándolo ordenadamente o apretándolo por el medio), incluso la forma de colocar el papel higiénico (hacia delante o hacia atrás)… Tonterías ¿verdad? Pero el cúmulo de esas cosas ha roto más de una pareja, aniquilando primero su pasión. ¡Ups! Hay que entender, pues, que tratándose de dos personas distintas, forzosamente encontraremos experiencias distintas y formas diferentes de resolver las cosas de la vida. Detrás de esas «formas» hay una serie de reglas (o creencias) no escritas, y por lo general totalmente inconscientes, que rigen no solo tu comportamiento, sino también tu nivel de satisfacción con los diferentes aspectos de la vida.

Tus reglas interiores son las que te dictan si una cosa está bien o mal. Una regla es una creencia: la creencia de que algo es cierto, de que las cosas «son así» o «tienen que ser así». Te pongo un ejemplo: si te pregunto si te sientes querida o querido, tanto si respondes «sí» como «no» habrás utilizado sin darte cuenta una serie de reglas establecidas en tu interior sobre lo que es querer y lo que no. Si me respondes: «Sí, me siento querido porque mi pareja me da abrazos y me lo dice a menudo», esto significa que tienes una regla que viene a decir, más o menos: «Me sentiré querido cuando me den abrazos y me lo digan a menudo». Si tu pareja te da otras muestras de amor, pasarán totalmente desapercibidas para ti, pues no las interpretarás como tales. El problema es que quizá tu pareja tiene otras reglas sobre lo que es «sentirse querido» o «demostrar amor», e incluso es bastante probable que ni se haya enterado de las tuyas. Tú puedes estar convencido de que no te quiere y a lo mejor solo es que no te lo demuestra como tú crees que se tiene que demostrar según tus reglas de lo que es amar.

Las reglas son, por definición, atajos que te difuminan el resto de la imagen para que el cerebro no tenga que procesar todo el historial almacenado en la memoria cada vez que tenga que tomar una decisión. Con las reglas ya establecidas, el proceso de toma de decisiones se torna totalmente automático, o sea, escapa a cualquier control consciente por parte de la persona. Porque la mayoría de estas reglas son inconscientes. De hecho, ni siquiera son tuyas: son reglas de tu padre, de tu madre, de tu abuela, de tu entorno y de todas las personas que han intervenido en tu educación. Así estás navegando a ciegas, en plena noche y con un mapa que ni siquiera es el tuyo! ¿Qué te parece? ¡Manda narices!

Dadas las circunstancias, no deberías sorprenderte si chocas con otras personas que están haciendo exactamente lo mismo que tú. El sentido común te dirá que en realidad no estás chocando con otra persona, sino con sus reglas, o aún peor, con las reglas de sus ancestros. O sea, que tus reglas, que no son tuyas sino de tu abuela, están chocando con sus reglas, que no son suyas sino de su abuela... ¡Vaya lío de abuelas! ¿No sería mejor aprovechar vuestras energías para algo útil?

Un conflicto es una oportunidad si eres capaz de abrirte a lo que está ocurriendo.

> No existe mayor oportunidad de crecimiento, o sea, de beneficio a largo plazo, que la de darte cuenta de tus propias reglas y entender las reglas de tu pareja.

En el capítulo anterior te dije que satisfacer a alguien o contribuir a su felicidad era satisfacer sus necesidades, pero ahora podemos dar un paso más y decir que «satisfacer a alguien es satisfacer sus reglas». Las suyas, no las nuestras, pues la mayoría de las veces pretendemos satisfacer al otro aplicando nuestras propias reglas y consideramos que así debería darse por satisfecho. En estos casos se suele oír la frase: «Se lo he dado todo, pero sigue insatisfecho». Pues bien, si sigue insatisfecho es porque le has dado lo que TÚ querías, no lo que él o ella ansiaba recibir. Has jugado de acuerdo con tus reglas, no las suyas.

¿Qué tal si en lugar de seguir comprometido con las reglas de tu abuela te comprometieras con tu felicidad y la de tu pareja? ¿Qué prefieres para los próximos años, tener razón o estar feliz y con una relación? Puedes elegir la felicidad ahora mismo decidiendo que en caso de conflicto abordarás cualquier reacción (tuya o de tu pareja) como un proceso de aprendizaje y como un descubrimiento de reglas todavía ocultas.

> Comprometerte con tu propia felicidad es también comprometerte con la felicidad de tu pareja.

La forma más sencilla de sacar a la luz las reglas de las personas es haciendo preguntas como «¿qué cosas tienen que ocurrir para que te sientas feliz?». Pero ojo, porque a veces tenemos reglas internamente contradictorias e incluso obsoletas. Aquí nadie dijo que las reglas, que son atajos del cerebro, sean forzosamente inteligentes. Puedes tener una regla que diga: «Para ser feliz, mi pareja me tiene que acompañar en todas la situaciones», y a la vez otra que diga: «Para ser feliz, mi pareja me tiene que dejar espacio y libertad». ¿Te das cuenta de lo difícil que sería vivir contigo y cumplir estas dos reglas a la vez? En el fondo tu propio crecimiento y el de tu relación pasa por ir desenmascarando y cambiando, cuando haga falta, tus reglas para que sean más fáciles de cumplir y por tanto motivo de alegría en lugar de ser motivo de conflicto y sufrimiento.

Hablando de conflicto, existe otra circunstancia que puede añadir una cierta sensación de crisis o conflicto a la relación: se trata de los ritmos distintos de cada persona. ¿Has notado que a veces, puede parecer que tu pareja tenga un reloj biológico propio y completamente ajeno a cualquier otro ser humano? O bien va demasiado deprisa en la toma de decisiones (o su forma de arrancar el día a toda pastilla...) o bien demasiado lento a paso de tortuga obesa y centenaria... Piensa que, desde su punto de vista, a ti también te ocurre lo mismo.

En el tema de las relaciones cada persona tiene su propio ritmo que el otro tiene que aprender, como mínimo, a respetar. Eso no es nada fácil. Creo que entender esta sencilla cuestión debió de costarme a mí media docena de relaciones, pero eso es otra historia...

Una relación es un baile de amor entre dos personas y, tanto si te gusta bailar como no, seguro que entenderás de forma instintiva que a veces, durante un baile, los dos bailarines se acercan hasta quedar casi fundidos uno con otro y otras se van alejando hasta llegar a constituir una especie de contrapeso uno para el otro. Este ritmo es bello y natural siempre y cuando se mantenga cierta armonía y, a veces, lo único que hay que entender es que la otra persona necesita alejarse por un momento y que eso no constituye en ningún caso un abandono de la relación, sino una preparación del movimiento siguiente de acercamiento. Entender y respetar los ritmos de tu pareja, al igual que sus reglas de juego, es fundamental para fomentar y mantener la pasión fluyendo entre los dos. Volveremos a hablar más adelante de las necesidades de fusión y separación de la pareja.

EJERCICIO

Hay mucho trabajo que hacer con las reglas de cada uno para poder simplificar la vida y crear armonía en las relaciones. Hay que aprender a reescribirlas de forma sencilla, transparente y que se puedan cumplir con facilidad, sin olvidarse de comunicarlas claramente a las personas interesadas, porque nadie es adivino ni tiene por qué serlo. Bastante tiene tu pareja con comprometerse a contribuir a tu felicidad como para ponerse además a adivinar tus reglas más oscuras y contradictorias de las que ni siquiera tú eres del todo consciente.

El mismo trabajo se puede hacer entre dos: hay que identificar las reglas más importantes que rigen la interacción de la pareja sacándolas a la luz para poder re-escribirlas juntos, simplificarlas y decidir si serán de cumplimiento obligatorio o no.

¿Cómo podéis identificar vuestras reglas? Las dos preguntas fundamentales a las que se tiene que contestar para poder identificar las reglas ocultas de cada persona son las siguientes:

- ✔ ¿Qué tres cosas tienen que ocurrir en relación con cada una de mis seis necesidades para que estén plenamente satisfechas? (Ejemplo: mi pareja debe llamarme, como mínimo tres veces al día para que sienta mi necesidad de conexión plenamente satisfecha...).
- ✔ ¿Qué cosas no deben ocurrir nunca para que estén satisfechas mis necesidades? (Ejemplo: mi pareja nunca debe salir con amigos sin mí para que sienta mi necesidad de relevancia satisfecha...).

Es importante también darse cuenta de si estas reglas son relevantes o no para la felicidad de la pareja. Lo único importante es tratar de ser felices juntos y las reglas que rigen la interacción de la pareja pueden ser tanto una facilidad como un inconveniente para esa felicidad.

No se debe ceder a la tentación de encerrar el amor en una prisión de reglas o rituales de obligado cumplimiento. Cuando existen demasiadas reglas de cumplimiento obligatorio en una relación, el amor se encuentra encerrado, y encerrado se asfixia.

Hay que permanecer atentos y abiertos siempre, y ser precisos, pues a veces parece que hemos llegado a un acuerdo sobre las reglas que regirán tal o cual asunto y resulta que uno de los dos entendió «Debe ser así, salvo excepciones» y el otro «Debe ser así, sin excepciones». ¡Y ya la tenemos liada! Así que apertura, paciencia y perseverancia: el crecimiento pasa por ser capaz de relajar muchas reglas preestablecidas y poner otras beneficiosas para el desarrollo de la pareja y las personas que la componen. Una cosa más, si hay que repetir este ejercicio de vez en cuando, ¡repetidlo!

*A menudo los secretos no se revelan
en las palabras; estos yacen ocultos en
el silencio entre palabras, o en la profundidad
de lo que es indecible entre dos personas.*

JOHN O'DONOHUE

Tener los ojos abiertos sin poder ver

YA tenemos tres terrenos en los que trabajar para recuperar la pasión: crear una historia amorosa, conocer las necesidades propias y del otro y hacer una revisión (amorosa y sin reproches) de las reglas de cada uno. Sigamos.

> Para satisfacer de verdad las necesidades de tu pareja (siempre en la medida de tus posibilidades, claro, y eso no significa que el otro deje de hacer todo y no vuelva a hacer nada más en su vida), debes aprender a «verla», no solo por fuera, sino también reconocer su esencia.

Ver a tu pareja es aprender a ver y reconocer su mundo, a sentir sus necesidades como tuyas propias, olvidarte, por un momento, de ti y de tus propias historias para adentrarte en el mundo del otro y estar en contacto con su esencia. Es aprender a ver la vida a través de sus ojos para poder hacerte una idea precisa de lo que necesita y lo que puedes contribuir tú a su experiencia. Se trata, en esencia, de un acompañamiento a un nivel profundo y espiritual. En la película *Avatar*, que nos propone un mundo y una forma de relacionarnos diferentes, el saludo consistía en esto: «Te veo». ¡Bonito! Ojalá seamos capaces un día de vernos todos y tenernos en cuenta para vivir en un mundo mejor. Pero yo creo que el trabajo empieza por las parejas, porque, para crear un mundo mejor, habría que conseguir mejores parejas.

Para ver bien, tienes que aprender a callar y escuchar, a hacer lo que en *coaching* llamamos «escucha activa»: un tipo de escucha profunda en la que tú dejas de existir por un momento para ceder elegante y amorosamente el espacio al otro. Eso significa, en primer lugar, callar, y en segundo lugar escuchar más allá de lo que el otro dice, es decir, prestar atención a las entonaciones, los silencios, los gestos. Significa escuchar al otro sin adelantar las respuestas ni elaborar juicios (qué difícil, ¿verdad?), más con el corazón que con la mente, para ver dónde se encuentra a nivel emocional y qué necesita.

Una cosa muy importante: como dije antes, cuando hablo de atender las necesidades de tu pareja, no me refiero a llenar sus vacíos. No se trata de delegar en el otro el trabajo personal que cada uno debemos hacer, sino de *co-crear* un espacio común de conexión, empatía y compasión en el que ambos podáis crecer libres, desnudos y seguros. Para que este espacio exista, es imprescindible ver y dejarse ver, y hacer tuyos su mundo y sus necesidades. Este es el espacio del AMOR con mayúsculas, del amor al otro desde dentro de él o ella, no solo un simple intercambio desde fuera. Amar al otro es verlo, entenderlo, sentirlo y aprender a ver a través de sus ojos para acompañarlo mejor en el viaje de la vida. Es, en definitiva, tomar consciencia de la esencia del otro.

¿Significa esto que tenemos que fusionarnos con el otro hasta tal punto de desaparecer como ente individual? No, por supuesto que no. Muchas personas mantienen vínculos de pareja muy superficiales por miedo a perder su identidad (y su libertad), pero este es un enfoque equivocado. No se trata de elegir entre fusionarse o fabricarse una armadura, sino de ver al otro desde su interior sin dejar de ser tú misma o tú mismo. De hecho, para que aparezcan y se mantengan el erotismo y la pasión tiene que haber, como veremos al hablar de la polaridad, diferencia y contraste entre los dos «polos» de la pareja y mantener cada uno su identidad propia, incluso afirmarla más. Dejo constancia de que demasiada fusión no es algo bueno para la pasión.

EJERCICIO

Para poder ver, hay que aprender a callar, escuchar y sentir al otro, pero esto no se consigue de un día para otro: hay que practicar. Para empezar, te propongo un ejercicio que puedes repetir cuantas veces quieras. Queda con tu pareja en algún lugar tranquilo para tomar algo o pasear. Invítala a hablarte de ella misma, de sus sueños, sus miedos y proyectos (incluso aunque lleves mucho tiempo con ella y creas que lo sabes todo; probablemente te llevarás una buena sorpresa).

Mientras hable mírala a los ojos, concéntrate en sus palabras, en sus silencios y sus sensaciones. Sobre todo resiste la tentación de interrumpir. No juzgues ni prepares tus respuestas u objeciones mientras te explica sus sueños, sus ideas, pensamientos, sus emociones... Déjala fluir y fluye con ella en su mundo.

Hazle el regalo de tu presencia incondicional (un precursor al amor incondicional). Solo puedes interrumpir para pedir alguna aclaración si hace falta, utilizando una fórmula respetuosa tipo «si te entiendo bien, me estás diciendo...», o simplemente para parafrasear algo de que acaba de enunciar y mostrarle así que la estás escuchando atentamente.

Trata de «meterte en su mente», de pensar o sentir como ella o incluso lo mismo que ella. Recuerda que no se trata solo de saber (de tener información), sino ver el mundo a través de los ojos del otro y reconocer sus verdaderas necesidades. Pon toda tu atención y agudiza la sensibilidad. En algún momento de pausa o silencio cierra los ojos un momento y hazte la siguiente pregunta. Ahora bien, viendo a tu pareja desde dentro, viviéndola en su propio mundo, ¿todavía te resulta difícil empatizar con ella y tener ganas de contribuir a satisfacer sus necesidades, hacerle la vida más fácil, agradable y rica?

*El amor nunca muere de muerte natural.
Se muere porque no sabemos cómo llenar
su fuente. Se muere de ceguera, errores
y traiciones. Se muere de enfermedad
y de heridas; se muere de cansancio,
de marchitez, de ennegrecimiento
(deslustre, deslucimiento, empañamiento).*

ANAÏS NIN

Si abandonas la lucha de poder, tú ganas

VER y sentir a la pareja es también contribuir una parte de nosotros mismos al darle un trozo de nuestra propia energía. Todos necesitamos energía para subsistir. Como seres humanos, no solo consumimos alimentos, agua, aire y luz, sino también energía que procede del reconocimiento. La forma más inmediata de obtenerla es con la atención y la apreciación de los demás.

Evidentemente, existen otras fuentes de energía vital, como el contacto con la naturaleza, la meditación, etc., pero ser el foco intencional de atención de otras personas —ya sean amigos, familia o colegas— es una garantía inmediata de suministro; por eso los seres humanos aprendemos a una edad temprana a «negociar» este suministro a veces incluso sin el menor escrúpulo.

En el momento de enamorarse dos personas juntan sus campos energéticos y experimentan un enorme «subidón». No hay nada más agradable que este flujo de energía que te invade y llena las venas de alegría, optimismo e ilusión. Pero después de unos meses, al ir desgastándose el efecto de novedad y enfocándose cada uno en otros asuntos y preocupaciones, se empieza a disipar la nube energética que mantenía la alta vibración de la pareja. Donde antes había energía para dar y regalar, ahora parece que hay escasez, y la pareja entra en una lucha de poder para intentar controlar el remanente energético de la misma. Poco a poco, o a veces bruscamente, empiezan a surgir los antiguos patrones de cada uno y se van poniendo de manifiesto sus estrategias, perfeccionadas durante la infancia, para controlar a los demás y ganar la guerra por el vital suministro de energía.

En materia de energía somos auténticos vampiros y no tenemos ningún reparo en recurrir a todo tipo de artimañas para conseguir nuestra dosis diaria. Nuestras estrategias más comunes suelen ser las siguientes:

—Intimidar a las personas y no parar hasta que se desmoronen ante nuestros propios ojos devorando así su energía (es curioso cómo buscando «intimidad» podemos acabar recurriendo a la «intimidación»…).
—Encerrarnos en un estado tóxico «de pared fría», que consiste en ignorar totalmente al otro hasta que acabe entregándonos, a modo de rescate, toda su energía.
—Hacernos la víctima a través de permanentes quejas y achaques hasta que consigamos vaciar así la energía del otro.
—Poner en duda constantemente la relación o al otro, hasta que nos entreguen el preciado bien y se queden totalmente huecos por dentro.
—Etcétera.

Cuando una persona se siente vampirizada, deja inmediatamente de sentir atracción por la pareja y la rehúye de forma sistemática, de modo que se va perdiendo la intimidad física. Se encierra en sí misma y se va alejando más y más de la otra persona hasta que empieza a quebrarse la confianza y resquebrajarse el compromiso de la pareja. Así es como surgen los agujeros energéticos que vacían la pareja por dentro, distanciando a sus miembros y permitiendo a terceras personas «entrar» dentro del círculo de intimidad. No es extraño que aparezcan personas que te digan cosas que tu pareja ya no te dice, o te miren de aquella forma que ella solía mirarte, o incluso que te toquen como llevabas semanas o meses deseando.

Pero si todavía hay amor en la pareja, este ciclo se puede revertir y es posible llegar a restablecer la pasión. A veces el amor solo queda atrapado bajo una capa de dolor y resentimiento y así no se puede sentir, pero en absoluto significa que se haya muerto. Y matar el amor cuando solo se ha desmayado es un asesinato en toda regla. Vale la pena reanimarlo.

> Una relación sólida y duradera no se forja en medio de la dicha, sino en tiempos de crisis.

No hay nada más sólido que una relación que haya aguantado una crisis y salido reforzada de la misma. Rara vez se puede llegar a un nivel de compromiso tan profundo como cuando se superan juntos las dificultades y percances de la vida.

Para evitar el efecto devastador del bajón de energía dentro de la pareja lo primero es darse cuenta de que uno de los dos (o los dos) está utilizando juegos de poder, que en el fondo no son más que armas de destrucción masiva para intentar apropiarse de forma indebida de la energía del otro. Todos hemos aprendido a perfeccionar nuestro arsenal durante la infancia y usarlo de forma inconsciente, pero sumamente efectiva. Cuando nos damos cuenta de que en el fondo no hacemos más que robar al otro y despojarlo de su energía vital y ganas de vivir, gozar y amar, se suele producir un salto cuántico en la relación.

EJERCICIO

Vuelve a leer la descripción de las estrategias de poder que utilizamos de forma inconsciente para apropiarnos del suministro de energía de la pareja. Reconoce cómo lo haces tú y toma la decisión de dejar de hacerlo ahora mismo.

Luego, durante un mes prueba a hacer lo siguiente: cada vez que tu pareja hable, trata de mirarla con amor, asintiendo con la cabeza. Diga lo que diga. Si os encontráis en público y tu pareja empieza a hablar, gírate instantáneamente hacia ella, y haz lo mismo, aunque sepas de antemano lo que vaya a decir. Trata de evitar las expresiones de aburrimiento y hastío cuando esté hablando. Te aseguro que no solo verás los efectos de este ejercicio en el nivel de energía de tu pareja, sino también en las muestras de afecto y cariño que te prodigará ella y las otras personas. Quizá, incluso, que ambos tengáis más éxito social porque todo el mundo necesita energía, y vosotros dos os transformaréis en una inspiración para los demás que querrán estar cerca.

La más temible pobreza es la soledad
y el sentimiento de no ser amado.
La soledad es la lepra del mundo moderno.

MADRE TERESA

¿Estás diciendo la verdad o nos estamos enredando?

CUANDO la mentira entra por la puerta, la pasión sale por la ventana. Y es que una relación de pareja es un vínculo íntimo entre dos personas basado principalmente en la verdad. ¿Cómo voy a comprender realmente al otro si no me dice la verdad? ¿Y cómo me va a comprender el otro si no le digo la verdad? Si muestras una imagen falsa de ti y tu pareja hace lo mismo, en la cama seréis cuatro en vez de dos y no estoy seguro de que eso sea buen augurio para la pasión duradera entre vosotros.

Sé que es sumamente difícil decir la verdad. Primero, porque piensas que si te abres y tu pareja se entera de todo lo que escondes dentro de ti podría dejar de quererte, incluso podría llegar a hacerte daño. Pero si alguien te deja de querer por saber tu verdad, pregúntate, ¿a quién estaba queriendo esta persona primeramente? Creo que te mereces estar con alguien que te quiera «de verdad»; o sea, todo tú, no solo la parte más cómoda o «civilizada» de ti.

Hay quien piensa que es bueno que cada uno tenga su jardín secreto, pero ese no es mi caso. Creo que no puede ser bueno tener jardines secretos y vedados para el otro. De hecho, tengo problemas con la palabra «secreto» dentro de una relación. *Secreto* no es lo mismo que *privado*. Cuando ocupas el baño, es un espacio privado, pero no es ningún secreto… Puedes tener zonas privadas en tu vida donde desarrolles tu propia creatividad: puedes meditar, formar parte de un grupo de teatro, pintar, escribir, etc., pero tu pareja no debería llegar a sentirse nunca excluida de tu vida. ¿Qué tipo de relación estarías manteniendo con esa persona si tuvieras cosas que esconderle?

Ahora bien, ¿es posible decir siempre la verdad?, ¿puede uno siempre hablar claro? A veces resulta difícil porque temes herir u ofender; otras, ni siquiera entiendes lo que te ocurre, así que es imposible explicárselo de forma clara al otro o la otra. En el primer caso, normalmente no es que queramos proteger al otro, sino más bien que tememos las consecuencias hacia nosotros mismos: disfrazamos nuestra cobardía de benevolencia. En el segundo caso, primero tienes que aclararte, pero una posibilidad de hacerlo es justamente hablándolo con tu pareja. No es fácil, pues hay que saber crear un espacio íntimo (yo lo llamo «hablar por hablar») en el que puedas expresarte sin miedo a equivocarte. Debes advertir a tu pareja que solo estás buscando tus palabras, que hablas sobre todo para poder escucharte, no para contarle lo que te ocurre. En contrapartida, tu pareja no puede enjuiciar tus palabras ni tomarse al pie de la letra lo que sale de tu boca. Crear un espacio sano de exploración es una excelente práctica que crea una enorme intimidad, siempre y cuando, claro, no derive en una trifulca por haber hecho (¡o simplemente dicho!) tal o cual cosa.

Otra razón por la que no solemos decir la verdad es porque no sabemos. Una frase que dice la verdad debe empezar por un «yo», no por un «tú». «Yo siento alegría, miedo, tristeza, etc.» es un buen inicio para poder acceder a la verdad, porque reconoces que esa se encuentra presa de tus filtros en este momento. Depende de tu representación única y personalizada del mundo, de tu pasado, tus experiencias, creencias, valores, referencias, patrones emocionales, etc. Se trata de decir lo que sientes tú en lugar de lo que piensas sobre los demás.

> Lo que sientes viene de dentro de ti y habla de ti, mientras que lo que piensas suele ser una opinión que emites sobre algo o alguien y lo que queremos saber es *tu* verdad, no lo que piensas de nosotros.

La verdad es que es bastante difícil decir la verdad dentro de una relación: o no queremos o no sabemos. Evidentemente, también podemos creer que no debemos, pero eso suele ser falso la mayoría de las veces, porque la verdadera razón por la que se suele mentir es porque no queremos sufrir las consecuencias de decir la verdad.

Una aclaración: cuando hablo de decir la verdad no me refiero a «vaciar» todas tus verdades encima del otro sin ton ni son, sin ninguna consideración por su sensibilidad, sino de tratar de decir la verdad en lugar de esconderte de sus posibles consecuencias. ¿Por qué? Porque, sencillamente, si no dices la verdad no hay relación. Si no hay verdad, ¿quién se está relacionando con quién? Si nadie es quien de verdad es, no tenemos una relación, sino un monumental enredo. Y es que, a pesar de ser cuatro en la cama como dijimos antes, cada persona se encuentra sola en lo que por fuera aparenta ser una relación sin ser más, en el fondo, que una mera ilusión. Vivir solo y enredado con un espejismo de otra persona dista mucho de ser una relación satisfactoria y propicia para fomentar la pasión duradera.

Por tanto, es importante que las dos personas estén dispuestas y tengan el coraje de abrirse total e incondicionalmente a decir la verdad y eso, a ser posible, a partir del primer momento de la relación, pues después, siempre es difícil sacar a la luz verdades escondidas. La verdad es la piedra fundacional de la relación. Cada persona tiene derecho a saber con quién se está acostando y ¡elegir si quiere estar en esa cama o no! Así que decisión y coraje desempeñan un papel fundamental en el desarrollo de una relación duradera y apasionada.

Hay que asumir el miedo a perder la relación. Cualquiera que haya sufrido una desilusión habrá desarrollado el reflejo del miedo. Miedo a que el otro te vea tal cual eres y deje de quererte, desconectando su ser de ti. Este miedo a no ser suficiente es la fuente de donde mana la vergüenza que te impulsa a esconderte y no decir la verdad. Lo cierto es que aquí está tu energía atascada, una energía que, de otra forma, podría estar disponible para tu propio desarrollo y disfrute. Decir la verdad te dará la oportunidad de liberarla y utilizarla de forma provechosa en tu vida.

Idealmente, la verdad se daría en el primer momento de la relación, sin esperar a tantear al otro. Al principio, una relación es como un mantel blanco inmaculado dispuesto para acoger todo el amor que la pareja sea capaz de brindarse. La blancura de este mantel solo se puede mantener con la verdad por delante. A medida que se vaya manchando y la confianza disminuyendo, se irán sumando trabas nefastas para el desarrollo de la relación a largo plazo. A veces acumulando tantas «manchas» no queda espacio para vivir la relación, y esta se transforma en una guerra fría y silenciosa, un tira y afloja tóxico cuyo único objetivo es amargar la vida del otro y dominarlo antes de la ruptura.

EJERCICIO

¿Qué se puede hacer si no se ha dicho toda la verdad al inicio? Pues no esperar más para hacerlo. Por eso te propongo que prepares una cita con tu pareja en un ambiente adecuado (no se trata de una cita romántica, aunque podría derivar luego en eso) y disponte a contar (eso sí, con sensibilidad) las cosas que debes compartir, sin omitir el miedo y la vergüenza que te impulsaron a actuar de esa forma. La vulnerabilidad (mostrando tus verdaderos sentimientos y partes oscuras) será tu verdadera aliada en este momento.

Recuerda: lo que no sacas a la luz vive en la sombra, y aquello que vive en tu sombra te gobierna y te limita. Lo que temes contar te ata mucho más que lo que cuentas. Y cada vez que escondes una debilidad, con ella sepultas una fortaleza.

Cuando la relación está en marcha, a menudo decir la verdad es decir cómo se siente uno con relación a una situación o un evento. Poderte expresar libremente y sin miedo es importante, pero, como dijimos con anterioridad, a veces sientes una molestia y no sabes exactamente lo que te pasa. Aquí puedes hacer una de dos cosas, o bien habla con tu pareja pidiendo que se abra el espacio «hablar por hablar» en el que puedas explorar tus sentimientos o bien acudir a un profesional que te ayudará a ver más claro y tomar las medidas oportunas en cada situación sin lastrar tu relación.

Perdemos tiempo buscando el amante perfecto, en vez de crear el perfecto amante.

Tom Robbins

Si haces esto, nadie te podrá reprochar nada

Los reproches nunca conducen a la felicidad ni a la armonía, y mucho menos a la pasión. No se puede estar haciendo el amor y haciendo reproches al mismo tiempo. O una cosa u otra. La queja y el reproche frecuentes o continuos constituyen un salvoconducto infalible hacia la atonía y el aburrimiento, un cortafuegos de probada eficacia contra el deseo y la pasión. Una relación tiene que ser una zona segura y libre de reproches en la que cada uno pueda seguir creciendo sin miedos ni angustias. ¿Cómo se puede lograr? Asumiendo de forma solidaria la responsabilidad de la relación. Ante cualquier situación conflictiva pregúntate, antes de apuntar con un dedo acusador: «¿Cómo he podido contribuir yo a generar esta situación?». Con esta actitud verás que no es necesario buscar siempre «culpables». Cada uno tiene su aprendizaje.

> Asumir tu propia responsabilidad en lo que te sucede y le sucede a la pareja siempre es más productivo y enriquecedor que adoptar papel de víctima.

El reproche tiene eso, para que funcione de verdad ha de haber victimismo y no hay nada menos sexy que una víctima. Si te comprometes con tu relación de pareja y dejas de gastar energías en el reproche y la queja verás cómo cambia el escenario: ambos estaréis dedicando vuestra energía a producir amor, no a justificaros o buscar una atención malsana. Estaréis adquiriendo un compromiso consciente para comprender al otro o la otra y colaborar con él o ella. Que conste que no estoy diciendo que no puedas nunca decirle nada a tu pareja sobre las cosas que no te gustan o que, según tu propio criterio, crees que se podrían mejorar. Esto sería *feedback* honesto, reconociendo también tu participación en los hechos y permitiéndole mantener su libertad de movimiento. Pero cuando se adopta una actitud de víctima malherida, surge el tono de reproche, cuya verdadera finalidad es coartar al otro y obligarlo a comportarse de forma diferente. Recuerda una cosa: pasión y privación de libertad no van nunca de la mano.

Ahora que lo sabes, la elección es tuya: tú decides si quieres un compromiso profundo contigo y empezar a asumir de forma unilateral tu responsabilidad. Esto solo depende de ti y no de lo que haga o diga la otra persona: lo haces porque quieres crecer tú y solo creciendo tú pueden crecer tus relaciones. No hay relación más grande que sus integrantes. Y ¿qué ocurre si el otro no asume sus responsabilidades? En inglés existe la expresión perfecta para describir lo que suele ocurrir en esos casos: *growing apart*, «crecer en la separación». Quiero recordarte también que la falta de elección es en el fondo otra elección: no se puede estar con un pie dentro y otro fuera, ni en una relación, ni en un trabajo, ni en la propia vida.

Vivir de esta forma con tu pareja y considerar vuestra relación como un territorio libre de reproches presupone que cada uno otorga al otro el beneficio de la duda. Si quieres recuperar el entusiasmo y establecer un clima de colaboración y confianza con tu pareja, no debes descontar nunca sus buenas intenciones: romperías inmediatamente la relación y, como vimos anteriormente, donde no hay verdadera relación, lo que queda no es más que un enorme enredo. Arrebatarle a una persona sus buenas intenciones equivale a ahuecarla por dentro, a poner en entredicho su propia esencia, a robarle lo mejor de sí, privarla de legitimidad y saquear su fuerza vital. La manera más eficaz de tender un puente hacia el otro es reconocer el amor que lleva dentro (¡incluso si nos está perjudicando en ese momento!). Solo cuando reconocemos su amor y buenas intenciones podemos comunicarnos eficazmente con ella. Cuando dudamos (o nos olvidamos) de las buenas intenciones de la pareja, nos victimizamos y damos entrada a la crítica y los reproches, y el único efecto que estos tienen es cavar una distancia aún más profunda entre los dos, ya que recibir reproches alimenta también la desconfianza.

Los reproches son, en el fondo, un intento de diferenciarse del otro, pero de forma nefasta, pues roban energía a las personas. El dolor psicológico que producen, sobre todo si aparecen cuando estás totalmente abierto y confiado (o sea, vulnerable), puede ser intenso y prolongado. En estos casos el cuerpo responde de la misma forma que si hubiera sido herido físicamente: segregando unos fuertes anestésicos que te dejan K.O. durante horas, y matan tu creatividad y ganas de actuar. Por tanto, otorgarle mala intención a una persona equivale a robarle horas o días de su vida.

Para evitar caer en el reproche, debemos entender y tener presente que en el fondo las personas siempre actuamos por amor o lealtad hacia algo o alguien: lo hacemos, o para «proteger», o «proveer», o para «prevenir» (que ocurra algo negativo).

Por tanto, tenemos que estar dispuestos a hacernos la siguiente pregunta a la hora de estar expuestos a sus reproches: ¿qué es lo que está intentando proteger, prevenir o proveer nuestra pareja? Entiendo que es difícil hacer esto, más todavía en medio de una discusión, pero, si logramos tener la lucidez y la buena voluntad de apoyar a la otra persona y escuchar más allá de las palabras, es probable que consigamos establecer un clima de confianza, colaboración y entusiasmo hacia el otro muy propicio para tener una excelente relación.

Al final, el objetivo es inundar la relación de entusiasmo y crear un clima en el que ambos podáis buscar espontáneamente la felicidad y satisfacción del otro sin andar midiendo o sopesando quién da más y quién da menos, un clima de confianza y cariño en el que ambos os comprometáis a colaborar entre vosotros, en el que asumáis la responsabilidad de contribuir a la felicidad del otro y pongáis esa responsabilidad por encima de cualquier otra. Esto ya en sí es pasión.

La habilidad de hacer una pausa y no actuar por el primer impulso se ha vuelto aprendizaje crucial en la vida diaria.

DANIEL GOLEMAN

Lo que tú no controlas te controla a ti

PUEDE que, en este momento, sientas miedo o rabia o vergüenza o tristeza, incluso ganas de desaparecer... O puede que simplemente estés preso de la duda. Te entiendo. Todas las emociones son legítimas y las que acabamos de enumerar vienen a decir que algo en tu vida no está funcionando como «debería» o como tú te esperabas. Permanecer en esas emociones no es sano ni para ti ni para tu entorno y algo se tiene que hacer para no eternizarse en el lamento. Veamos qué.

Cuando una situación resulta inesperada, se dice que el mapa (tu mapa mental de cómo deberían ser las cosas) no se corresponde con el territorio (tu realidad). Entonces nos encontramos ante dos alternativas: el primer reflejo es intentar cambiar la realidad (el territorio), pero a menudo nos olvidamos de que existe otra posibilidad y es la de cambiar el mapa o nuestras propias expectativas. En este capítulo hablaremos de esta segunda alternativa, porque te confiere un poder infinito, visto que solo dependes de tu propia persona para poder hacerlo.

Tony Robbins, el gran *coach* americano, suele repetir la siguiente frase a sus seguidores: «La vida nunca te da aquello que quieres, sino aquello que piensas merecerte, en base a aquello que crees ser». Increíble, ¿verdad? Significa que todo lo que hay en tu vida no es más que el fiel reflejo de lo que crees ser y, en consecuencia, de lo que crees merecer. Si no tienes más amor o éxito o salud es sencillamente porque no crees ser el tipo de persona que los puede tener.

Piensa en eso por un momento.

> En la vida tenemos lo que creemos que merecemos.

¿Te das cuenta del inmenso poder que se te acaba de conferir con esta visión? Lo único que tienes que cambiar para que cambie todo es ¡tu percepción de ti mismo! Ni siquiera de lo que ves... O sea que, para tener una relación extraordinaria, primero tienes que creer que, como persona, puedes tenerla. A menudo lo que falla en una relación es nuestra visión de nosotros mismos. De hecho, solemos enamorarnos de las personas que nos hacen creer que somos mejores de lo que somos, «que sacan lo mejor de nosotros». Nos enamoramos de la imagen que nos permiten tener de nosotros mismos. Más adelante, cuando la cosa va mal, se lo achacamos al otro y empezamos a decirnos que la situación «no da para más». Y si crees que algo no da para más (y que de todas formas ¡tú no te lo mereces!) ¿qué más te va a dar? ¿Qué puedes hacer?

La respuesta sencilla es crecer y solidificarte interiormente. Hay que crecer para poder «contener» más empatía, más entusiasmo, más espiritualidad y más erotismo y solidificarte para poderlos mantener. Lo que no eres capaz de contener, no serás capaz de mantener aunque, hipotéticamente, fueras capaz de conseguirlo... ¿Qué puedo hacer para crecer y solidificarme por dentro?

Para poder crecer y contener cosas nuevas, tienes que permitirte explorar y encontrar espacios nuevos dentro de ti. He aquí cuatro que te propongo, que no solo te ayudarán a crecer y contar más, sino también a solidificare por dentro:

PRIMER ESPACIO: Aprende a discriminar entre personas y comportamientos. Seguramente hayas experimentado en el pasado algunos comportamientos «insufribles» de tu pareja, pero ella y sus comportamientos son dos cosas totalmente diferentes y debes aprender a verlas por separado. Los comportamientos se rigen por los estados emocionales de las personas: de nada sirve intentar cambiar el comportamiento de una persona si no se cambia, primero, su estado emocional. Evidentemente, esto es todo un arte y si tienes niños, ya lo sabrás...

Un niño puede ser juguetón y cariñoso, pero a veces le entra la «pataleta». Entonces se dice que «es un niño malo». Eso no solo es injusto, sino que también nefasto, ya que se «encierra» al niño en ese comportamiento. No es una mala persona, solo un niño que se encuentra en un estado malo. La mayoría de los adultos no hemos aprendido a separar a las personas de sus comportamientos y el primer espacio que debes de cavar dentro de ti es un espacio en el que las personas son personas y sus comportamientos solo eso, comportamientos (pasajeros) frutos de sus estados emocionales. Pruébalo con tu pareja y no solo te verás menos afectado por sus comportamientos, sino que te sentirás mejor, porque estarás siendo siendo justo con ella. El hecho de no cuestionar la esencia ni las intenciones profundas de las personas con las que nos relacionamos, dejándolas siempre por encima de sus actos, hará que cualquier relación adquiera un cariz más íntimo y profundo además de facilitar la comunicación diaria. ¿Y sabes qué? ¡El mero hecho de empezar a hacer esto ayudará a solidificarte a ti por dentro! Solidificarte es, en parte, ser capaz de discriminar donde terminan los demás y donde empiezas tú...

Segundo Espacio: Decide controlar tus propios impulsos en lugar de tratar de controlar a los demás. Es un hecho que las personas que no logran controlarse a sí mismas, tratan de controlar a los demás.

Cuando dos personas alcanzan altos estados de intimidad, a veces llegan a identificarse tanto con el otro que necesitan su constante validación o aprobación para sentirse bien. Este es el caso de un niño con su mamá y es la razón por la que un simple cambio de tono de voz por parte de la mamá puede hacer que el niño cambie de comportamiento: necesita tener su validación constante, porque todavía no ha desarrollado su propia personalidad.

Lo mismo suele ocurrir en las parejas, ¡sobre todo si han sido muy felices al principio! Las dos personas llegan a tal grado de fusión y adquieren tal importancia una para la otra que llegan a depender totalmente de la validación mutua para sentirse seguras y «estar bien». Entonces, cuando surge (y ¡es normal que surja!) el menor desacuerdo, se sienten «expuestas» o en peligro y, a consecuencia, algo desamparadas y traicionadas. Entonces, en lugar de intentar cuestionar y controlar sus propias emociones, tratan de controlar lo que hace y siente el otro.

Posiblemente en este momento te sientas controlado por tu pareja o quizá ella por ti. Eso ocurre con frecuencia y probablemente sea la razón por la que se suele decir jocosamente que el matrimonio es una institución con dos maestros y dos esclavos. La pregunta clave es: ¿En lugar de tratar de controlar a tu pareja, serías capaz de poner límites a tus propias emociones?

Aprender a controlarlas mejor te reportará grandes beneficios: adquirirás mayor confianza en ti mismo e inspirarás más confianza a los demás, aumentarás tu nivel de autoestima y por si fuera poco, serás capaz de disfrutar plenamente de tu pareja (en lugar de temerla): es que no se puede apreciar y tratar de controlar a una persona al mismo tiempo, el control viene del miedo y el aprecio fruto de la gratitud...

Supongamos ahora que sea tu pareja la que trate de controlarte a ti; ¿debes dejar que esto ocurra?

Entender que tu pareja está tratando de controlarte solo porque se identifica hasta tal punto contigo que ya no recuerda que un día pudo existir sin ti, te ayudará a ver las cosas de otra forma, pero la respuesta sigue siendo *No*. Si dejas que te controle (por miedo a enfadarla), estarás entrando tú también en el juego del control. Tienes que ponerle límites con firmeza pero con amor, o sea sin invalidar sus sentimientos. No se trata de decirle que es débil, porque trata de controlarte, sino de reafirmarle tu amor a la vez de marcar tu territorio.

Controlarse significa ser capaz de «agarrarse o abrazarse uno mismo» y no reaccionar ante el chantaje emocional de tu propio ego o del otro, o sea, ser una persona sólida capaz de sostenerse sobre sus propios pies. Y eso nos lleva al tercer espacio.

TERCER ESPACIO: Responde en lugar de reaccionar. La diferencia entre responder y reaccionar suele ser de pocos segundos. Cuando algo «te dispara» y reaccionas instantáneamente, pierdes el control de tu propia persona y es la otra parte la que pasa a controlarte a ti. Reaccionar es ceder tu propia soberanía a tu contrincante, sea una persona de carne y hueso o simplemente un problema o contratiempo. No reaccionar es ser capaz de aguantarse hasta poder dar una respuesta enfocada y controlada, teniendo en cuenta lo más importante de la situación.

Este proceso suele llevar bastante entrenamiento y no debes desesperarte mientras vas practicándolo, si alguna vez «resbalas» y vuelves a reaccionar: simplemente reconócelo, perdónate y reemprende el camino. Tampoco es que tengas que transformarte en un Maestro Zen, pero si aprendes a contar hasta diez antes de dejar que salga algo de tu boca, que a veces te costará mucho rectificar, tu relación te lo agradecerá. Esta habilidad requiere tener la capacidad de mantenerte firmemente en tu centro en medio mientras ruge la tormenta a tu alrededor. Te sugiero la siguiente pregunta a modo de práctica cada vez que sientes que te vas a «disparar»: ¿qué otra interpretación podría tener esta situación? Trata de encontrar varias y después elige la que te haga sentir mejor. Ser capaz de hacer un ejercicio de creatividad en medio de la tormenta te dará la capacidad de crear ¡lo que tú quieras! Lo que nos lleva al cuarto y último espacio.

Cuarto Espacio: Cambio de perspectiva. En la vida mucho más importante que lo que te ocurre es cómo te lo tomas tú (y lo que haces en consecuencia). Lo cierto es que no suelen afectarnos tanto los hechos como nuestra propia interpretación sobre ellos. Esto es lo que explica que los mismos hechos tengan distintos efectos en diferentes personas: alguien que acaba de tener un accidente puede interpretarlo como mala suerte (al haberlo vivido) o buena suerte (al haber sobrevivido). Lo que sentimos es dictado por el «sentido» que nosotros mismos le damos a la situación. El arte de buscar la mejor interpretación posible a cualquier situación (el que te hará sentirte mejor y dará poder y margen de maniobra) se llama en inglés *reframing* (como cambiar el marco al «cuadro») y es todo un arte. Para ilustrarlo mejor, te pongo un breve ejemplo:

> Si tu pareja se retrasa a la hora de cenar, puedes pensar que está tonteando con un compañero de trabajo, o atrapado en un atasco intentando llegar a casa lo antes posible. Como

no estás con esta persona, no puedes saber cuál de las dos interpretaciones es la correcta, pero lo que sí sabes es cuál te hará sentir mejor. Si eliges esa interpretación, podrás recibir a tu pareja con buena cara cuando llegue a casa, mientras que si decides, aun sin saberlo, que te está engañando, puede que la próxima vez tu pareja elija hacer justamente esto en vez de querer volver más de prisa a casa...

Finalmente, para ayudarte a abrir los cuatro espacios arriba mencionados y aprender a gestionar tus emociones de manera eficaz, te propongo las siguientes herramientas:

1. **Practica el cambio rápido de enfoque.** Aprende a interrumpir tu propio patrón de comportamiento. ¿Te has fijado cómo es capaz un niño de pasar de forma instantánea del llanto porque le acaban de quitar su juguete de las manos a la risa porque sale un payaso en la pantalla de la tele? Cuando cambia el enfoque, cambia la emoción. Los adultos también somos capaces de cambiar rápidamente de enfoque si nos lo permitimos aunque a menudo nos sentimos obligados a mantener un enfoque más allá de su utilidad «por seriedad». Te invito a que seas un poco menos serio y un poco más «plástico» como un niño. Cambiar de enfoque te ayudará a encontrar nuevas perspectivas.
2. **Domina tu lenguaje interior.** Las palabras que utilizas afectan a lo que sientes, porque dibujan y describen tu propia verdad. No es lo mismo decir «María siempre llega tarde» que «María se habrá despistado». ¿Qué prefieres? ¿Vivir con una María tardona o soñadora?
3. **Controla tu postura y tu fisiología.** Prueba el siguiente ejercicio: siéntate con los hombros encogidos y piensa en

algo deprimente, sigue pensando hasta que sientas que te estás deprimiendo… Ahora levántate, da unos pasos en la habitación, haz unas cuantas respiraciones y flexiones, ponte completamente recto, saca pecho, camina sacando pecho como si una cuerda invisible tirara de ti hacia arriba y tratara de deprimirte… ¿verdad que es prácticamente imposible lograrlo ahora? Tu postura y tu fisiología tienen mucho que ver con lo que sientes, cómo ves la vida y lo que consigues de ella. Mover y utilizar tu cuerpo (camina, corre, baila, salta…) te ayudará a mantener una actitud enérgica y entusiasta hacia la vida, haciendo que todo te sea más fácil en lugar de cuesta arriba.

A veces no es suficiente saber lo que significan las cosas; a veces hay que saber lo que no significan las cosas.

BOB DYLAN

¿Se te dan bien las lenguas? Los cinco idiomas del amor

Mi amiga, Nati, me contó que, tiempo atrás, después de varios años entregada a la familia y la crianza de sus hijos, había tomado la decisión de dedicarse en cuerpo y alma a su nuevo proyecto profesional. Pero un buen día, después de haber estado totalmente inmersa en sus actividades profesionales, se dio cuenta de que su marido empezaba a mostrar signos de hastío y distanciamiento hacia ella. Nati se sentía desgarrada ante el deseo de prestarle más atención a su marido y sus obligaciones profesionales, ya que iba teniendo cada vez más éxito en su trabajo y debía dedicarle más tiempo. Por su parte, el marido, que durante los años de crianza de los hijos aceptó y entendió que Nati se centrara en ellos, empezaba a pensar que su mujer había perdido irremediablemente el interés por su matrimonio. Él seguía deseándola como el primer día, pero ella no parecía estar disponible... De modo que empezaron a surgir conflictos y la amenaza de la separación empezó a planear sobre ellos. Cuando Nati me comentó lo que estaba ocurriendo, le sugerí que podía tratarse de un problema de relevancia: Nati no estaba cubriendo la necesidad de relevancia de su marido. Así que le propuse que en los días siguientes se asegurara de colmar a su marido de relevancia, haciéndole saber por todos los medios no solo que era importante para ella, sino «lo más importante», y que no podía concebir su vida sin él. A los pocos días de nuestra conversación, me llegó el siguiente mensaje de Nati: «Llevo toda la semana dándole a entender a mi marido que es superimportante para mí. De momento no se le ha borrado la sonrisa de la boca, y mira que es un poco ajo, jaja».

> Las palabras de refuerzo positivo constituyen un combustible óptimo para mantener la llama de la pasión y hay cientos de situaciones cotidianas que se prestan a su uso, pero son solo uno de los lenguajes del amor de los que te quiero hablar a continuación.

Pero ¿qué son los lenguajes del amor?

Un lenguaje es «un conjunto de sonidos articulados con el que las personas manifiestan lo que piensan o sienten». Un lenguaje es una forma de comunicarse con los demás y resulta que cada uno de nosotros tiene su propio lenguaje del amor, un lenguaje en el cual se encuentra a gusto como si fuera su lengua materna. Fuera de ese idioma, o bien no capta el sentido de la comunicación, o bien no le interesa.

Para conocer a alguien y podernos comunicar de forma eficaz con esta persona, tenemos que conocer sus preferencias de comunicación. Tenemos que saber algo sobre sus modalidades preferidas (visuales, auditivas o quinestésicas) y conocer, como mínimo, lo que percibe como acto de amor y lo que no, porque no todas las personas perciben las mismas cosas de la misma manera. Intervienen multitud de factores como la educación, los patrones familiares, la sensualidad, etc. Lo importante es aprender a distinguir (y respetar) las preferencias de tu pareja.

La clasificación que sigue de los lenguajes del amor es una de las más comunes:

1. **Palabras de refuerzo positivo.** Algunas personas son muy «verbales» y tienen una sensibilidad marcada hacia las palabras, tanto las que se pronuncian como las que se callan. Las palabras de apoyo o refuerzo positivo, desde un sencillo «Te quiero» hasta una declaración de amor llena de color y emoción, les dan alas y ganas de vivir, les hacen sentirse inmensamente queridas. La ausencia de estas palabras o, peor aún, los insultos o menosprecios, las marcan en profundidad y dejan huella en su psique. En cierta medida todos somos así, pues necesitamos un reconocimiento que a menudo llega a través de las palabras.
2. **Apoyo, servicio.** Algunas personas perciben el amor a través de los hechos, en concreto de los gestos de apoyo o de servicio. Ya hemos hablado de colaborar con entusiasmo, pero no está de más insistir en aquel dicho que reza «Hechos son amores y no buenas intenciones». Tal vez tú o tu pareja sois de esas personas para las que el verdadero acto de amor consiste en remar en la misma dirección, en echar una mano, ayudar o apoyar en distintas tareas domésticas o personales. Si este es el caso, la pasión también pasará por cumplir y responder a esta expectativa.
3. **Tacto.** La piel es el órgano sensorial más grande del cuerpo. Para ciertas personas, tocar y ser tocadas cuenta más que cualquier palabra. De nada vale decir cosas bonitas si no vienen acompañadas de tacto: besos, abrazos o caricias. Para otras personas el exceso de tacto provoca cierto malestar. Cada uno es como es, y aunque todos tenemos algo de cada uno de los lenguajes del amor, en cada persona priman uno o dos por encima del resto. Lo importante es que conozcas los de tu pareja para ser capaz de complacerla. Imagina que

en tu pareja el sentido que prima sea el tacto y tú no haces más que decirle cosas bellas, pero no la acaricias ni la besas con la frecuencia que ella necesita. No hace falta ser un genio para saber que no se va a sentir todo lo querida y apreciada que tú quisieras...

4. **Regalos.** Regalar cosas significa para algunas personas que las aman de verdad. No es materialismo, pues lo importante no suele ser el objeto en sí, sino el pensamiento, el esfuerzo, la dedicación o la generosidad que hay detrás del obsequio.
5. **Tiempo de calidad.** Recibir tiempo y atención de calidad es la forma en que ciertas personas perciben el amor. Por el contrario, la ausencia permanente o las citas canceladas son interpretadas como falta de interés y causan estragos en la relación.

La conclusión de esto es que se puede dar y recibir amor de formas diferentes. El denominador común es la intención de comunicar tu amor a la otra persona y lo mejor es hacerlo en su propio idioma en lugar del tuyo, pero primero hay que conocerlo. Por tanto, ten en cuenta antes de enfadarte o deprimirte que a lo mejor tu pareja no está de acuerdo con decir las cosas y que no te dice «Te quiero» a todas horas (como a lo mejor te gustaría a ti), pero te demuestra su amor con otros lenguajes.

La mayoría de las personas somos capaces de apreciar en alguna medida cualquiera de estos cinco lenguajes, pero lo cierto es que cada uno tenemos nuestras preferencias y es imprescindible conocerlas y respetarlas para que haya una buena comunicación. Comprender el lenguaje de amor de tu pareja es un gran paso adelante hacia la empatía y el fomento de la pasión.

Si tienes interés en profundizar en este tema, puedes leer el libro del doctor Gary Chapman, *Los cinco lenguajes del amor*.

EJERCICIO

Empieza por reconocer tu propio lenguaje y trata de determinar el de tu pareja. Sal a dar un paseo o a cenar con tu pareja y repasa la lista comentándola y sin olvidarte de la posibilidad de jugar y probar. Este tema puede ser el motivo de una conversación divertida y animada. Lo importante es tratarlo con humor en lugar de dramatizar y perder una oportunidad de acercamiento. ¡Y es que no hay que tomárselo todo tan en serio!

Espiritualidad

Mostrar tus debilidades es hacerte vulnerable; hacerte vulnerable es mostrar tu fortaleza.

CRISS JAMI

Sé vulnerable si quieres ser invencible

Como comentaba al inicio, en el capítulo «El amor excelente», la empatía y el entusiasmo son la base de una buena relación (la harina y el agua de la receta, ¿recuerdas?). Sin embargo, son condición necesaria pero no suficiente, pues la empatía y el entusiasmo suelen estar presentes también en las relaciones familiares o de amistad, entre dos hermanos o hermanas y entre dos buenos amigos o amigas. ¿Qué diferencia una buena amistad de una relación amorosa? La presencia de pasión e intimidad sexual. Y esta se consigue a partir de la base de la empatía y el entusiasmo, gracias a la vulnerabilidad (espiritualidad) y el erotismo, como veremos con detalle en los siguientes capítulos.

A veces vemos parejas insatisfechas tratando de aprender técnicas sexuales para sentir mayor satisfacción. Pero de nada sirven las técnicas si no estás dispuesto a vulnerarte y dejar entrar al otro. No funcionará: la experiencia sexual no mejora solo con técnicas sexuales nuevas, es más, las técnicas pueden situarte aún más lejos de la pareja, ya que en lugar de concentrarte en estar totalmente presente te estarás concentrando en la ejecución de la técnica, y a la larga (o la corta), esto provocaría más frustración y desesperación.

No hay que engañarse: la única forma de llegar a la (verdadera) intimidad sexual es a través de la intimidad no-sexual. Y no hay intimidad sin espiritualidad (vulnerabilidad). Vulnerabilidad es permeabilidad, no debilidad. Es ser abierto y receptivo en lugar de cerrado y atrincherado. Parecerá paradójico, pero la vulnerabilidad es el lugar donde nace el verdadero poder, de donde mana todo tu ser creativo. La vulnerabilidad es lo que te permite conectar con los demás y contigo mismo y la capacidad de abrirte para ser visto por dentro, de tener el coraje de compartirte acallando tus miedos y sobreponiéndote a tus propios demonios, permitiéndote empatizar con los demás y sentir lo que sienten, a pesar de tu incomodidad.

> La vulnerabilidad es, en definitiva, el componente espiritual necesario en el proceso de mantener y recuperar la pasión.

Me gustaría que este mensaje quedara muy claro, sobre todo para los hombres, ya que, en general, «hombre» y «vulnerable» son palabras que desentonan en una misma frase. Hemos creado una sociedad que castiga a los hombres cuando se muestran vulnerables y luego los llama *insensibles* cuando no son capaces de conectar en profundidad con los sentimientos de los demás. Y eso tiene a muchos hombres desconcertados y desubicados. Quisiera decirles que no teman a vulnerarse, pues la persona que verdaderamente los quiera será capaz de aceptarlos en todas sus dimensiones, también en aquellas partes menos «masculinas» o menos fuertes que tanto temen dejar expuestas a los ojos de los demás. Si siguen escudándose en una imagen socialmente aceptada pero que no se corresponde con su realidad más íntima, si no se muestran como verdaderamente son, nunca llegarán a sentir una verdadera conexión ni consigo mismos ni con una pareja. Y este es un hecho triste, porque si los hombres no se muestran, entonces no existen y se les echa de menos. A menudo se escuchan voces femeninas desesperadas denunciando que «Ya no hay hombres de verdad». Hay que entender que en ningún caso se refieren al hombre machista ni a su contrario metrosexual, sino a los verdaderos hombres masculinos, transparentes y presentes (o sea, vulnerables), y poderosos, capaces de estar a su lado apoyándolas y permitiéndoles ser todo lo femeninas que necesitan ser para el deleite de todo el mundo.

Para que se dé una conexión profunda entre dos personas, ambas han de ser permeables y vulnerables. Cuando una persona trata de evitar la vulnerabilidad, no solo se hace impermeable, sino que se insensibiliza y pierde cualquier capacidad de empatía (y conexión) con los demás. La vulnerabilidad, pues, es el asiento mismo de la vida, su parte más espiritual, porque es la capacidad de abrirte hacia la misma permitiéndote sentir su pulso en tus venas, y ese sentir es vivir. Pero hablar de vulnerabilidad, por muy espiritual que sea, es también hablar de miedo. Miedo a ser demasiado vulnerables, a no ser suficiente... Ese miedo nos induce a anestesiarnos para no sentirlo, pero, como no es posible anestesiar una sola parte de nosotros mismos sin anestesiar también las demás, tratando de adormecer las sensaciones de miedo y vergüenza, adormecemos también la empatía y el amor. Anulando la parte que se nos antoja «débil» de nuestro ser, anulamos también lo más valioso de nosotros mismos.

> La vulnerabilidad es responsabilidad espiritual de los dos integrantes de la pareja. El primer compromiso que se debe adquirir en una relación, de forma expresa o tácita, es el de abrirse y hacerse accesible al otro.

Entiendo que es difícil mantener este compromiso cuando en una relación reina un clima de amenaza, cuando se dispara sistemáticamente al otro, que viene a pecho descubierto. Entiendo que si te muestras como eres y tu pareja te hiere constantemente, tarde o temprano se entumecerán tus «receptores y emisores de amor» y te acabarás «cubriendo». Y, claro, dejarás de conectar con ella, sobre todo a nivel sexual. Este proceso es el mayor exterminador de pasión en las parejas. No es la rutina ni el aburrimiento, sino los ataques a la otra persona cuando esta ha decidido salir de su coraza y mostrarse. Esto hace que, lógicamente, vuelva a esconderse y se atrofie su sensibilidad (al menos hacia aquella persona).

Hay que saber respetar (atesorar) la apertura del otro y premiar su coraje de mostrarse vulnerable en su esencia y espiritualidad. Debes saber que no se puede llegar a una buena intimidad sexual a través de técnicas puramente sexuales: la intimidad física y el nivel de pasión que tú anhelas solo se pueden alcanzar a través de una auténtica intimidad emocional y espiritual. La verdadera meta del sexo no es el orgasmo (por eso verás que en este libro no te hablo específicamente de este tema) y la meta del orgasmo no es la convulsión, sino la cohesión. Para que esto sea posible, es esencial que exista vulnerabilidad y entrega espiritual.

¿Qué es exactamente la vulnerabilidad? Es ser capaz de decir o hacer algo que tememos que pueda dañar la imagen que el otro tiene de nosotros, es abrirnos espiritualmente hacia él con pureza e inocencia. Por ejemplo, es sincerarse sobre algo que consideramos una debilidad o un defecto, como una adicción o una mala costumbre o una enfermedad. Es mostrar al otro tus puntos débiles.

¿Y cómo puedes aprender a ser más vulnerable en tu relación?

Lo primero es tener en cuenta que lo único que nos impide ser vulnerables es el miedo (a parecer débiles o insuficientes, a que no se nos tome en cuenta, etc.) y ese miedo nos dispara la necesidad de ser más relevantes. La respuesta emocional habitual ante la sensación de falta de relevancia es la ira. A menudo, en las parejas, el miedo a la vulnerabilidad suele ser expresado a través de la ira y los enojos, haciendo que el otro se mantenga a una distancia prudencial y desperdiciando la oportunidad de crear una auténtica conexión íntima y espiritual.

A modo de ejemplo, considera el caso de una mujer que se enoja con su marido, porque «no le da besos o no le dedica suficiente atención». ¿Crees que eso hará que reciba más besos o atención? Probablemente no. Pero si decidiera vulnerarse ante él y decir la verdad («Te estoy echando de menos, te necesito»), probablemente apelaría a su lado más tierno y masculino a la vez y haría que él también se abriera y buscara formas de honrarla y demostrarle su amor. Ser vulnerable, entonces, es tener el coraje de decir lo que sientes y lo que necesitas sin ceder a la tentación de disfrazarlo con rabia o soberbia (de hecho, «coraje» se puede definir como «la capacidad de hablar desde el corazón»).

Es importante que aprendas a decir lo que sientes tú, no lo que piensas sobre los demás. Diciendo lo que sientes, desvelas partes íntimas de ti en lugar de hablar sobre lo que piensas que los demás deberían estar haciendo o sintiendo. Para seguir con el ejemplo de arriba, decir «Me siento un poco sensible, por favor dame un beso» será mucho más sincero que un «Pienso que no te importo, tú nunca me das besos, no te importo, solo piensas en...».

Por otro lado, ten en cuenta que el miedo a perder la relación por mostrarnos cómo somos o cómo nos sentimos acaba convirtiéndose en una profecía, ya que aniquila la sensación de comunión con la otra persona y esto, tarde o temprano, se acaba interpretando como falta de confianza. Cuando confías en alguien, apelas a su lado más noble y le ayudas a crecer, pero cuando desconfías de tu pareja, la rebajas.

Por otra parte, ¿quién dice que se te querrá menos si te muestras tal cual eres? Y si fuera así, ¿quién está siendo querido ahora? Sé quién eres a nivel espiritual, sal de tu concha y muéstrate para el beneficio de tu pareja y del mundo porque temiendo ser vulnerable es más probable que pierdas a tu pareja que mostrándote desnudo.

La vulnerabilidad es un músculo que se ejercita en el gimnasio de la gratitud. Sentir gratitud por lo que eres, por la persona con la que estás y por el resto de cosas de tu vida te reconciliará con el mundo y sacará del «modo competición» de vez en cuando, ayudándote a abrirte más, a disfrutar más y a dejar que los demás tengan más acceso a ti y te disfruten más. La gratitud es la puerta de entrada al círculo virtuoso de la aceptación, de la apreciación, de la intimidad y de la pasión. A medida que seas capaz de llenarte e irradiar la energía de la gratitud, verás aumentar tus capacidades de disfrute y de asombro por lo realmente valioso de la vida. ¿A qué esperas para dar las gracias por todo lo que tienes y todo lo que te rodea y abrirte de par en par a la vida y a tu pareja?

✓ **Recuerda:**

Para que haya pasión, tiene que haber intimidad.
Para que haya intimidad, tiene que haber vulnerabilidad.
Para que haya vulnerabilidad, tiene que haber confianza.
Para que haya confianza, tiene que haber entusiasmo.
Para que haya entusiasmo, tiene que haber empatía.
Para que haya empatía, tiene que haber aceptación.
Para que haya aceptación, tiene que haber apertura.
Para que haya apertura, tiene que haber gratitud.
Y para que haya gratitud, tiene que haber vulnerabilidad.
La gratitud es el sustento espiritual de la vulnerabilidad y la vulnerabilidad es la capacidad de sentir la vida.

EJERCICIO

Practica el siguiente ejercicio de gratitud con tu pareja. Prueba encontrar cada día una cosa que agradecerle a tu pareja y hazlo (diciéndoselo) antes de irte a dormir. Idealmente tendrías que escribir lo que agradeces en un *post-it* y dejarlo a la vista de tu pareja. Puedes dejar que se acumulen los *post-its,* o bien ir recogiéndolos y pegándolos en un cuaderno para regalárselo a tu pareja en algún momento especial. Si ambos habéis leído este libro, podéis hacerlo los dos, pero si tu pareja no lo ha leído, hazlo tú y verás qué pronto te sigue el otro.

Otro ejercicio de vulnerabilidad es exponerte y decir la verdad sobre algo que te daría vergüenza compartir y que llevas escondiendo o disfrazando hace mucho tiempo (un defecto, un evento de tu infancia o juventud, un mal hábito, un fracaso...), o bien sobre tus «mentirijillas blancas», esas que todos y todas usamos a diario para cubrirnos. Recuerda que decir la verdad siempre empieza por un «yo», nunca un «tú»... (Dime lo que sientes tú, no lo que piensas sobre mí).

Aprender a reconocer y reírte de tus fracasos, a solas y con los demás, es un enorme ejercicio de vulnerabilidad y un perfecto antídoto para la vergüenza, que es la mayor causa de aislamiento de las personas. ¿Te atreves a contar tus fracasos de manera divertida y atraer sobre tu persona unas cuantas risas «sanadoras»?

Cuando amas a alguien de verdad, le abres tu corazón. Le das una parte de ti que no das a nadie más, y le permites acceder a una parte que solamente él o ella puede herir. Le entregas literalmente una navaja con el mapa de dónde puede rasgar profunda y dolorosamente tu alma.

SHERRILYN KENYON

Quiero intimidad, esa sensación tan incómoda, pero tan deliciosa

DICEN algunos sabios que, minutos antes de depositarla en el largo tobogán que la lleva hasta la tierra, Dios coge en sus manos el alma de cada persona y la despide con un último beso. Dicen también que el recuerdo indeleble de ese beso, lleno de bondad y ternura, queda almacenado en lo más profundo de nuestro corazón y nos guía cuando llega la hora de volver a «casa». En ese lugar cálido y sagrado, donde permanece el recuerdo de lo que uno verdaderamente es, se aloja nuestra mayor sabiduría, la memoria de Dios. Es ahí también donde albergamos el verdadero tesoro, la verdad verdadera, que nos indica en todo momento, más allá de leyes y edictos, la diferencia entre el bien y el mal. Y es justamente ahí donde más anhelamos ser visitados, y donde más tememos dejar entrar a desconocidos.

Este es el lugar del cual mana toda la calidez de tu ser, es el cimiento de toda tu fuerza, de toda tu energía vital. Ansías compartirlo con un alma hermana que te ayude a aliviar la sensación de soledad y separación que sientes desde que fuiste depositado en el tobogán; un alma gemela, tu amor eterno, tu pareja cósmica, esa persona que tanto anhelas encontrar y con la que tanto anhelas compartir.

La presencia en ese lugar de tu alma gemela puede dar alas y multiplicar tu energía, pero la entrada de la persona equivocada puede profanar tu templo y debilitarte durante mucho tiempo, puede que de forma irreversible. Por ello, es el lugar donde más vulnerable eres y donde más daño se te puede hacer.

Pasamos la vida soñando con encontrar a la persona que sabrá entrar en este lugar sin mancillarlo, ese alma afín que sabrá tenderse cada noche a nuestro lado acompañándonos hasta la eternidad. Los que ya la han encontrado caminan por la vida con optimismo, seguridad y bondad; los que la siguen buscando albergan esperanza y curiosidad en los ojos; y los que ya se han rendido, porque creen que no existe o que nunca serán capaces de encontrarla, surcan el horizonte con las marcas de la amargura impresas en la frente.

Buscamos a esa persona que pueda soportar la cercanía que tanto anhelamos, esa intimidad verdadera, ese brasero que da calor en los días más fríos de los inviernos de la vida y color a los atardeceres de sus veranos. Ese calor al que uno se puede acercar sin riesgo de quemarse, porque, a diferencia de la llama viva, solo calienta aquello que se le acerca, y lo hace de forma continua y durante mucho tiempo.

Estoy convencido de que no hemos venido a este mundo para estar solos. Lo he discutido muchas veces con amigas y amigos, especialmente en momentos de separación, en los que surgía esa frase tan terrible de «Ahora lo que tienes que hacer es aprender a estar solo». Creo profundamente que hemos venido para conectar con los demás y, a través de ellos, conocernos mejor a nosotros mismos y el mundo que nos rodea. La intimidad con otra persona es la gran experiencia de esta vida y la razón de nuestra existencia en este plano. Eso no quiere decir que no seamos nadie sin los demás. Cuando pensamos así, estamos confundiendo las dos preguntas esenciales de la vida: «¿Quién soy?» y «¿Qué hago aquí?».

Algunos dicen que nuestro alma es un trozo de Dios. Y Dios es perfecto. Por tanto, nuestra alma es perfecta. Esa sería la respuesta a la primera pregunta: eres un trozo de Dios, y seguirás siéndolo tanto si estás en pareja como si no. Pero, ¿cuál es la mayor experiencia, la experiencia más profunda y transformadora que este planeta te puede aportar? Para mí, la respuesta es: la experiencia de la intimidad con otra persona, con tu propio ser y con la creación. ¿Por qué, si no, estamos aquí provistos de cinco sentidos y sus órganos respectivos? ¿No será para interactuar más y mejor con este mundo?

Según el diccionario, *intimar* es «introducirse en el afecto o ánimo de alguien, estrechar la amistad con él», y también «introducirse por los poros o espacios huecos de algo».

> Intimar es entrar y dejar entrar al otro en ese espacio sagrado dentro de nosotros mismos en el que residen, codo con codo, nuestro mayor poder y nuestra mayor vulnerabilidad: el sitio de la verdad, nuestra propia verdad.

La persona que logra entrar adquiere la habilidad de sentir lo que sentimos y ver lo que vemos: ¡aprende a ver a través de nuestros ojos! Intimar es el proceso de compartirse con el otro sin tabúes. Esta es la más increíble experiencia que podemos tener, la que más nos puede hacer crecer. Y te lo digo yo, que he viajado por todo el mundo, he pilotado aviones y barcos, he hecho submarinismo, he vivido en media docena de países y he conocido a seres extraordinarios.

La experiencia de acomodar a otro ser dentro de nosotros mismos, aceptando el riesgo de que nos quiebre, requiere toneladas de valentía y una gran convicción en la propia capacidad de recuperación. Los que eligen no dejar entrar a nadie, pretextando que no hay nadie merecedor de tal privilegio o que están tan llenos de sí mismos que no les hace falta, actúan así por puro miedo, aunque a menudo no son conscientes de ello, pues no hay artista tan ducho en el arte de la metamorfosis como el miedo, capaz de lucir mil caras diferentes y engañar a su propio amo.

Tanto tememos esta experiencia, a pesar de anhelarla, que nos podemos pasar la vida intentando reemplazarla por muchas otras, sin duda más vanas y superficiales. Buscamos satisfacciones rápidas e inmediatas en todo tipo de sucedáneos: compras, sexo, dinero, juego, negocios, viajes, etc. O nos volvemos adictos a cualquier cosa. Corremos de aquí para allá solo para no pararnos un instante y escuchar el sonido del silencio dentro de nosotros mismos.

Plantarle cara a este miedo requiere coraje. Coraje de corazón. Porque la intimidad con otra persona es un viaje a lo desconocido. No solo a la parte desconocida por ella, sino a la parte oculta (porque tampoco la queremos ver) de nosotros mismos.

Relacionarse con los demás a menudo despierta a ese «otro yo» que vive dentro de cada uno de nosotros y nos enfrenta a él. Caen multitud de construcciones mentales, se agrietan caretas laboriosamente labradas durante toda una vida. Nos tenemos que enfrentar no solo a la verdad del otro, sino también a la propia. Y eso cansa, ¿verdad? Es mucho más fácil ir de compras...

Las relaciones íntimas pueden conducirnos en dos direcciones opuestas: hacia el adormecimiento o hacia el despertar. Cuando las relaciones de pareja van más allá de la simple supervivencia y reproducción, se convierten en un auténtico instrumento de evolución de la conciencia. La propia naturaleza de las relaciones invita continuamente a desarrollar una mayor conciencia de las partes más oscuras e inconscientes de uno mismo, transformándola así en una exhaustiva investigación de quiénes somos en realidad.

La mayoría de nosotros vamos por la vida tapando con máscaras cuidadosamente elaboradas nuestras «vergüenzas» (esas cosas que preferiríamos no tener que ver ni recordar de nosotros mismos) y aguantamos, día a día, estoicamente y en silencio, aquello que nos hace sufrir por dentro. Pensamos que si no le hacemos caso a ese demonio que nos devora nos dejará tranquilos y algún día se irá, pero no suele ser así. Dura y dura, porque las cosas no cambian si no las cambiamos nosotros.

La intimidad es cercanía, y cuando hay cercanía (no solo en el sentido físico) todo se ve, incluidas las imperfecciones. Este es el momento de máxima incomodidad, por eso tememos o rehuimos la intimidad. Pero este también es el momento de la oportunidad: la de identificar, reconocer, cambiar, crecer, en lugar de tapar, discutir, anclar y correr. Para ello, hay que ser capaz de gestionar la incomodidad y el miedo.

¡Qué triste es ceder ante el miedo y volverse para atrás, perder la oportunidad de, por fin, tirar la máscara y compartir, de verdad, con alguien! Puedo entender que tengas la tentación de salir corriendo, pero recuerda que, en realidad, no tienes nada que esconder ni nada de qué avergonzarte: no tienes que ser perfecto para merecer el amor de otra persona. Eres obra de un artesano, una primera versión, un prototipo, no una iteración de una máquina de alta precisión. Eres producto de un proceso de prueba/error y no debes avergonzarte de llevar encima las marcas de tus errores, porque son precisamente esas marcas las que te hacen fiable, porque has sido rodado, probado por la vida, y ahora eres más auténtico.

En conclusión, podemos usar las relaciones para aliviar nuestras inseguridades, manteniendo relaciones *light* y tratando de evitar continuamente la intimidad, o bien entender que se trata de una oportunidad para llegar a estar plenamente vivos, vibrando al ritmo de la propia tierra. Somos libres de tratar nuestra relación íntima como un camino de transformación, o bien consumirla como un helado antes de que se derrita. La elección es de cada uno, de cada una. Tú decides si quieres, y cuándo, pasar de la soledad acompañada a la verdadera intimidad.

EJERCICIO

Estírate en tu cama, cierra los ojos y relájate un instante. Luego imagina que te quedan solo quince minutos de vida. Ya has vivido una vida entera y no puedes cambiar nada, solo echar una mirada atrás antes de marcharte. Trata de responder sinceramente a las siguientes preguntas:

— ¿Qué ves?
— ¿Ha sido una buena vida?
— ¿Qué es lo que más valió la pena?
— ¿Qué es lo que más echarás de menos?
— ¿Qué le dirías a tu pareja? ¿Cómo la tratarías si pudieras tener más tiempo? ¿Qué cosas compartirías con él o ella?

Ahora respira tres veces a fondo y abre los ojos. Afortunadamente, te quedan más de quince minutos de vida, así que estás a tiempo de cambiar cosas, si lo deseas, entre ellas tu relación de pareja. Para ello te sugiero que te hagas estas otras preguntas:

— ¿Estás dispuesto a construir una relación de mayor intimidad con tu pareja?
— ¿Te comprometes a decir la verdad y «dejarte ver»?
— ¿Te comprometes a dejar que tu pareja haga lo mismo, a pesar de las incomodidades?

La vulnerabilidad es nuestro único estado auténtico. Ser vulnerable significa estar abierto, no solo para sentir dolor, sino también placer. Estar abierto y receptivo a las heridas de la vida significa también estar abierto y receptivo a la bondad y a la belleza de la misma. No ocultes ni reniegues de tu vulnerabilidad: ella es tu valor más grande. Acepta la vulnerabilidad, aunque tiembles y te agites con ella, porque los regalos divinos que llegan a ti en forma de personas, situaciones y cosas solo pueden venir cuando seas vulnerable, es decir, cuando estés abierto.

STEPHEN RUSSELL

Si el que da es el que recibe, ¿quién debe dar las gracias?

Muy temprano por la mañana, los monjes budistas de Luang Prabang salen de los numerosos templos que hay en la zona con un cuenco en las manos para mendigar la comida del día. Recorren las calles de la ciudad, donde numerosas personas, algunas de ellas ya aseadas y vestidas para ir a trabajar, les entregan una ración de comida recién preparada. Curiosamente, o paradójicamente para nuestros esquemas occidentales, no es el monje el que da las gracias por los alimentos recibidos, sino la persona que le da de comer.

Esto último fue lo que más me impactó de esta maravillosa ofrenda, mucho más que el colorido desfile de decenas de monjes ataviados con sus túnicas anaranjadas. Y me impactó porque logré entender que era el monje el que en realidad daba algo a la persona que le entregaba la comida: la oportunidad de crearse un buen karma. Los monjes salían de su templo y se presentaban ante los habitantes del lugar abiertos y vulnerables, desprovistos de todo, hasta de comida para pasar el día. Sin embargo, eran ellos los que entregaban un regalo y no al revés, pues aceptaban depender aquel día de las personas que les daban de comer.

Todavía, cuando lo recuerdo, se me eriza el vello…

Soy consciente de que esto puede chocar en este lado del mundo, pero estaría bien que entendiéramos que la interdependencia consciente de los monjes y los ciudadanos de Luang Prabang, lejos de ser humillante para nadie, eleva la vibración de ambos. Para ambos es, en el fondo, un ejercicio de profunda libertad y espiritualidad.

En nuestra sociedad tenemos desde hace unos años una nueva obsesión: la independencia y la autosuficiencia de todo tipo, emocional, personal, financiera, etc. La pregunta que se me ocurre es: ¿por qué, entonces, no hemos nacido cada uno en su propio planeta? ¿Por qué venimos todos juntos aquí? ¿Para aprender a ser autosuficientes o para aprender a colaborar? ¿Acaso nos hace menos completos el hecho de aceptar que los demás son necesarios? ¿Acaso no lo son? Colaborar con entusiasmo no merma la identidad de nadie; al contrario, lo ayuda a construirse una identidad más fuerte y más sana.

Colaborar con alguien nos hace dependientes, en cierta medida, de esa persona, pero eso no significa que renunciemos a tener nuestra propia identidad ni a diferenciarnos dentro de la relación. Hablaremos de esto más adelante, pero diferenciarse no puede ser una excusa para perpetuar el individualismo a ultranza. En realidad, si acepto depender en parte de ti te hago un regalo, te honro, porque creo que vas a ser capaz de responder. Te ofrezco una oportunidad para crecer. A mí eso no me merma, sino todo lo contrario: aceptar cierta vulnerabilidad es reconocer el ser espiritual que soy y hacerme más fuerte y resistente.

Antes de que se me malinterprete: no estoy abogando por la dependencia ni por vivir colgados los unos de los otros, pero sí por reconocer que esa independencia que tanto ansiamos es, en el mejor de los casos, una quimera, y en el peor, una falsedad. Somos dependientes en casi todos los aspectos de la vida: cada cosa que consumimos o utilizamos ha sido afectada por la actividad de centenares o miles de personas. Nuestra propia forma de pensar se basa en el idioma que hablamos y la cultura en la que nacimos. Nuestro cuerpo necesita comida, agua, aire, luz, higiene, cuidados... ¡y gravedad para mantenerse en la tierra!

No somos ni vamos a ser independientes nunca. Dependemos en silencio de una multitud de variables y personas que nunca llegaremos a conocer, ni sabremos cómo afectan a nuestra vida, pero, curiosamente, el miedo a depender nos lleva a querer ser independientes frente a la persona que mejor conocemos y la que más interesada está, al menos teóricamente, en vernos triunfar: la que tenemos al lado. El tipo de independencia que perseguimos es un sueño dañino para la humanidad y las relaciones, porque se basa en el miedo, la duda y la falta de confianza en uno mismo y en los demás.

Confiar en alguien significa tener el coraje de entregarle parte de tu soberanía y atenerte a las consecuencias. Es decir, en ser (insisto) vulnerable. La confianza y la valentía van de la mano. En primer lugar, confías en ti mismo y en tu capacidad de remontar cualquier pendiente, si fuera necesario; y, en segundo lugar, tienes fe en la otra persona y en su capacidad para responder. Tener fe en alguien brinda a ambos una oportunidad inestimable de crecimiento. Por eso, la vulnerabilidad es el mayor acto de valentía, generosidad y espiritualidad.

Una relación de contribución sana se basa en una dependencia mutua y consciente. Esto se llama *interdependencia* y requiere mucho coraje. De hecho, existen tres estados en los que las personas que forman pareja se pueden encontrar. Te sugiero que tomes papel y lápiz para dibujarlos, pues te ayudará a entenderlos mejor:

1. **Independencia.** El primer estado es el de dos personas totalmente separadas e individualizadas. Dibuja dos círculos, uno al lado de otro y dentro del primero escribe «Yo» y dentro

del segundo «Tú». Esa es tu primera imagen. En este caso puede haber conexión, pero también hay separación total. Cada uno vela por su propios intereses y la solidaridad está en mínimos. Parecemos independientes y nos sentimos potentes, en el sentido de que podemos vivir sin el otro; pero en el fondo tenemos un miedo horrible a la intimidad y al compromiso. Probablemente haya también una problema de autoestima encubierto. Esto, evidentemente, no es una relación, ni siquiera un enredo, más bien un mero ligue. Estarás aquí mientras ambos lo estéis pasando bien, mientras uno no interfiera demasiado en la vida y los sentimientos del otro. O bien hasta que aparezca algo mejor.

2. **Dependencia.** El segundo estado es el de dos personas fundidas en una. Dibuja un círculo dentro de otro con sus respectivas etiquetas («Yo» y «Nosotros»). Una persona desapareció totalmente dentro de la otra. Ya no tiene nada que decir, nada que hacer, ha cambiado todos sus gustos y perdido todos sus intereses. Parece estar absorta en una relación, pero eso no es una relación. O más bien, es la relación de un parásito con su portador. La persona «de dentro» parece haber perdido todo poder personal y suele ser la dependiente, pero también puede suceder que sea ella en realidad la que está fagocitando a la otra desde dentro. Su debilidad es en este caso su mayor fuerza: si no obtiene lo que quiere, lo envenena por dentro deprimiéndose, criticando, enojándose, etc. Esto tampoco es una relación, sino un enorme enredo. Huelga decir que aquí sí que hay, con toda seguridad, problemas de autoestima.
3. **Interdependencia.** El tercer estado es el de dos personas bien definidas y con cierto nivel de autoestima que eligen compartirse la una con la otra. Se trata de dos personas conscientes

de su poder personal que se atreven a elegir y eligen compartirse: aceptan el riesgo y la incomodidad para seguir creciendo y contribuyendo. Son conscientes de que están en la relación no solo para recibir, sino sobre todo para dar lo mejor de sí mismas. Porque el que más crece es en realidad el que más da. La presencia del otro o la otra le aporta seguridad, pero también estímulos e inspiración para crecer y brillar. La relación es aquí un espacio donde se intentan cubrir las necesidades del otro y apoyarlo en su misión. Hay solidaridad, lealtad, intimidad, vulnerabilidad, fidelidad y amor. Y todo ello es una elección consciente y espiritual, ni obligada ni impuesta. Se trata de una relación basada en la empatía, el entusiasmo, el erotismo y la espiritualidad, nuestros cuatro «ingredientes» del amor excelente. En este caso, la pasión se mantendrá porque, en caso de surgir problemas, ambos considerarán primero que su responsabilidad personal es crecer y abrirse más, en lugar de acusar al otro o alejarse de él. Tenemos a dos personas libres y adultas entregándose mutuamente a la vida y al mundo... ¿Qué? Ah, claro, nos falta el dibujo. Es fácil: dibuja dos círculos solapados con una buena intersección entre ambos: esa intersección es la zona de relación, el terreno fértil y húmedo que han construido entre ambos.

Pasar de la segunda imagen a la tercera supone tener una buena autoestima y ser capaz de entender la importancia de los límites para la salud de la relación. Para que una relación auténtica pueda existir y prosperar, hay dos tipos de límite que se tienen que respetar: uno interior y otro exterior. El primero delimita a la propia persona dentro de la relación. Se trata del *respeto a la creatividad del otro* y a su derecho de expresarla libremente para crear y reforzar su propia identidad. Se trata de saber respetar, apreciar y atesorar la parte más sagrada y creativa del otro, esa fuente de donde mana su mismísima esencia.

¿Te das cuenta de que he dicho «respetar» en lugar de «hacerse respetar»? Es que una cosa es imponer tus propios límites (y hay que saberlo hacer en la vida cotidiana) y otra es vivir con tu pareja en una burbuja de respeto mutuo en la que el respeto se ofrece a la otra persona en lugar de que sea ella misma la que lo «exige». Estoy hablando de tener otro talante en el que aprecias plenamente que cuando una persona se vulnera ante ti tienes la obligación de protegerla, incluso de ti mismo.

El segundo límite establece la relación con el mundo exterior y se llama lealtad. La *lealtad* es un compromiso que se adquiere con la relación para protegerla de los ataques externos. Para prosperar, una relación precisa de un entorno sano que apoye la misión de la pareja en lugar de sacudirla. Es importante tener las ideas claras y saber cortar antes de meterse en situaciones comprometidas (con amigos, familiares o compañeros de trabajo). Priorizando públicamente a la pareja se consigue trazar de forma clara y efectiva este límite, haciendo que sea debidamente respetado.

En resumen, una relación sana es una intersección entre dos personas. Ese espacio será fértil si recibe nutrientes de ambos lados. De hecho, la lealtad significa que los mejores nutrientes de cada uno irán a parar a esta zona, que cada uno entregará a ese espacio lo mejor de sí. Pero, para que eso pueda ocurrir, cada uno tiene que seguir existiendo y creciendo y generando nutrientes.

> La lealtad es el límite con el que se protege no solo la relación, sino también la creatividad e integridad del otro.

Para poder construir una relación de interdependencia sana que cubra las necesidades y favorezca el crecimiento de la pareja es necesario marcar y gestionar los límites de forma transparente dentro de la relación y evitar caer en la dependencia (en un sentido o en otro). Cuando no se marcan límites claros, se puede fomentar esta situación de dependencia enfermiza en la que la persona que parece más fuerte favorece el comportamiento dependiente de la otra, haciendo que la necesite más allá de lo normal. Y, en sentido opuesto, cuando los límites son demasiado amplios no se logra crear ese espacio de intersección, o es un espacio mal alimentado y por tanto yermo. Se trata, en definitiva, de encontrar un equilibrio entre «ser yo» y participar de forma constructiva en «nosotros». Y para ello, insisto, la clave reside en que ambos integrantes de la pareja tengan un nivel sano de autoestima.

EJERCICIO

Dibuja las tres figuras propuestas arriba y responde a las siguientes preguntas:

- ✔ ¿En qué situación se encuentra tu relación en este momento?
- ✔ ¿Hay verdadera interdependencia entre vosotros?
- ✔ ¿Existe algún sentimiento de abandono de uno hacia el otro o, por el contrario, un sentimiento de sofoco? (En cualquier caso, eso significa que hay que reajustar los límites.)
- ✔ ¿Tiene cada uno la posibilidad de tener un espacio creativo propio dentro de la relación? (Hablo de una actividad regeneradora que pueda practicar con el beneplácito y apoyo del otro durante unas horas cada semana.)

- ✔ ¿Hay actividades, que no sean pura domesticidad, sino creativas, agradables y regeneradoras, que se comparten cada semana?
- ✔ ¿Hay tiempo suficiente para poder experimentar la relación de pareja y resolver de forma sana los conflictos que puedan surgir?
- ✔ ¿Se encuentra la relación lo bastante acotada y a salvo de las injerencias de terceros?
- ✔ ¿Qué hay que hacer para mejorar la relación? Enumera al menos tres cosas.

Cuando éramos niños, solíamos creer que cuando creciéramos seríamos menos vulnerables. Pero crecer es aceptar la vulnerabilidad. Estar vivo es ser vulnerable.

MADELEINE L'ENGLE

Confianza es el nombre del Banco Central del Amor

RECOPILEMOS: para que la pasión nazca o renazca, ambos miembros de la pareja han de ser capaces de participar de forma activa en la vida del otro (intersección y ganas de servir), y pueden mostrarse tal como son y tal como se sienten en cada momento, y eso implica abrirse, desnudarse en todos los sentidos, y por tanto exponerse a ser herido: mostrarse vulnerable. ¿Y qué hace falta para poder abrirse de esta manera? ¡Confianza!

Confiar en alguien es aceptar, en cierto modo y hasta cierto punto depender de ese alguien. Esta persona te podría ayudar a prosperar, pero también te podría hacer daño. Muchas veces creemos que la confianza es solo función de la persona en la cual queremos confiar o confiamos (tiene que ser una persona confiable para que podamos confiar en ella), pero esto es verdad solo en parte, y en cualquier caso no es suficiente. Pero primero veamos: ¿qué es eso de ser confiable? ¿Qué tiene que ocurrir para que pueda confiar en ti?

Que seas confiable dependerá en gran medida de tu carácter y de tus capacidades. Eres confiable si tienes integridad, buenas intenciones y ciertas capacidades que me pueden resultar útiles (por ejemplo, no sería muy confiable un médico sin título ni experiencia, por muy bien intencionado que sea).

Si tienes los rasgos de carácter y las capacidades necesarias, eres potencialmente confiable, pero que yo confíe en ti ya es otra cosa.

Esto dependerá de la relación que mantengamos y de nuestra interacción. Más allá del carácter, ahora entrará en juego tu comportamiento en ciertas situaciones. De hecho, *confiable* es un adjetivo pasivo, y *confiar* es un «verbo», y por tanto activo. Confiar nace de interactuar, y no depende únicamente del carácter ni de las capacidades, sino también de los actos de las personas.

La confianza es el Banco Central del Amor, la columna vertebral de la relación, y sin ella no puede existir relación profunda y compenetrada, con un alto nivel de conexión y vibración. Pero ¿cómo se construye la confianza en el día a día? Veamos:

1. **Siendo transparente y hablando claro.** La primera premisa de la confianza es la comunicación. Comunicar no es decir sin más, sino asegurarse de que el mensaje que se recibe es el que se quiere emitir. ¿Podrías confiar en alguien que no habla claro? Cuando alguien no te dice nada de sus intenciones ni comparte sus sentimientos se hace difícil confiar plenamente en él o ella. En las relaciones, como dijimos anteriormente (Verdad o enredo), hay que hablar claro, si no, no hay intimidad ni confianza; posiblemente ni siquiera relación verdadera.
2. **Respetando, escuchando e involucrándose en las necesidades del otro.** El respeto mutuo es uno de los fundamentos de la confianza. Respetar a alguien es tener presente a esta persona y aceptar lo que es, lo que valora, lo que siente y su capacidad creativa. El respeto a la creatividad del otro es tu compromiso para evitar destruir la parte más frágil y valiosa de tu pareja. Es curioso, pero esa parte frágil y valiosa suele ser la primera «baja» de la relación, quizá por ser considerada «peligrosa» (porque atraería a otros también). Proteger esta parte del otro es absoluta lealtad. Saber que te puedes abrir, y

que el otro, en lugar de invadirte para derribarte, entrará dentro de ti como en un santuario para protegerte y atesorarte, te ayudará a vulnerarte más. Y a mayor vulnerabilidad, mayor sensibilidad y creatividad, y más nutrientes para la relación. Para que haya confianza hay que sentir que el otro está presente y dispuesto a escuchar. Pero no solo queremos sentir que el otro nos respeta y escucha, sino también que se toma muy en serio nuestras necesidades, que las siente como suyas propias. Es muy difícil que llegues a confiar en alguien al que solo le interesan sus propias necesidades. Piensa, por ejemplo, en una situación de compraventa de coches: ¿podrás confiar en un vendedor que no te pregunta, no te escucha y no se molesta en entender y atender lo que buscas y necesitas? ¿Confiarías en él si percibes que solo está tratando de endosarte el coche más caro para cubrir sus propias necesidades (cobrar su comisión)?

3. **Prometiendo menos y actuando más.** Podrás sentir confianza hacia alguien que se comunica correctamente contigo y se toma interés en tus necesidades, pero si luego, a la hora de actuar, nunca ocurre nada, perderás este atisbo de confianza. «Obras son amores y no buenas razones», dice el refrán. Y confiar, como hemos visto, es un verbo... Solo si hay comunicación, interés y acción habrá confianza de verdad. Porque confiar en alguien es saber que siempre intentará hacer lo que dice y no dejará que sus propósitos se queden solo en palabras. No siempre podrá obtener el resultado deseado, pero siempre intentará progresar en la dirección correcta.

Cuando hablo de acción no me refiero solo a los actos dirigidos hacia el otro. A veces, la acción tiene que ir dirigida hacia uno mismo, sobre todo cuando tenemos que hacer frente a algunas deficiencias de nuestro propio carácter o cambiar algunos hábitos nocivos para la relación. No reconocer el problema, hacer promesas en balde o declararse incapaz de afrontarlo pueden destruir la confianza dentro de la pareja y dañar seriamente la relación (y, por supuesto, la atracción sexual). Cumplir tus promesas y asegurarte de reparar los daños que has causado son premisas importantes para poder gozar de la confianza y energía sexual de tu pareja.

A veces, a lo largo de la vida de una pareja, pueden darse circunstancias que te hagan perder la confianza en el otro. La buena noticia es que se puede aprender a perdonar y que la confianza se puede recuperar. Eso sí, siempre y cuando haya un mínimo de voluntad y una actuación correcta. Hay que tener en cuenta que la verdadera confianza se construye precisamente en los tiempos difíciles de la pareja, no cuando todo va viento en popa; por tanto, las crisis de confianza también se pueden considerar como una oportunidad en lugar de una calamidad.

El perdón libera el alma, elimina el miedo. Por eso es una herramienta tan poderosa.

NELSON MANDELA

Si quieres perder peso, aprende a perdonar

No se puede recuperar la ligereza ni la pasión sin perdón. Si te sientes pesado y apesadumbrado, es que tienes mucho que perdonar(te)... Cuando vas arrastrando los pies dentro y fuera de tu relación es que ha llegado el momento de preguntarte qué tienes que perdonar, a otras personas o a ti mismo. Solo mediante el perdón total y absoluto lograrás recobrar esa sensación de libertad y ligereza que tanto ansías. La falta de perdón te separa de los demás y de ti mismo. Hace que la vida se haga dura de llevar. Es como ir a todas partes arrastrando un par de maletas cargadas. Imagina ser capaz de soltar los bultos y caminar libre y erguido.

Perdonar al otro es reconocer que somos uno y lo mismo. Imagina que estás en tu cocina y por accidente te cortas con un cuchillo... ¿Culparías a tu mano derecha por haber cortado tu dedo izquierdo? No. ¿Por qué? Porque las dos manos son extensiones (o expresiones) de lo mismo. Cuando albergamos rencor hacia alguien, nos disociamos de esta persona y de nuestra propia esencia. Estamos viviendo la experiencia de la separación en lugar de la experiencia de unión que nos trae felicidad y ligereza.

Perdonar a alguien es perdonarse a uno mismo y reconocer que somos uno y lo mismo. No se trata de perdonar para olvidar, sino de perdonar para recordar, con amor.

Perdonar significa aceptar lo ocurrido, ser capaz de apreciar la oportunidad de crecimiento y agradecerla.

Existen cuatro casos de perdón:

1. *Perdono a los demás, pero no me perdono a mí mismo.* Esto ocurre cuando uno está cegado por el perfeccionismo. No logra perdonarse a sí mismo la más mínima falta. En su sistema de creencias está escrito que tiene que ser perfecto. Pero el perfeccionismo nada tiene que ver con las cosas bien hechas. El perfeccionismo solo es una máscara conveniente y socialmente aceptable para evitar ser vulnerable. La persona perfeccionista trata de esconder su miedo a ser insuficiente…
2. *Ni perdono a los demás ni me perdono a mí mismo.* La intolerancia es una de las jaulas de nuestra sociedad. Proviene de la creencia de que el amor es algo que uno se tiene que merecer y de una educación rígida y restrictiva que prima los resultados por encima de los intentos y la buena voluntad.
3. *A los demás no los perdono nada pero a mí sí.* Hay una corriente espiritual que propugna que el perdón empieza por uno mismo y resulta ser la excusa perfecta para que los egoístas de la tierra se centren plenamente en sí mismos, convencidos además de que su egoísmo es una acto de conciencia. Siempre es más fácil ver la paja en el ojo ajeno que la viga en el propio pero nunca será justificado tener estándares dobles, uno para mí y otro para ti.
4. *Perdono a los demás y me perdono a mí mismo.* Esta es la situación ideal, porque nadie es perfecto y tampoco tenemos que serlo.

Se trata de entender que todo el mundo actúa por amor y lealtad hacia algo o alguien (incluso los terroristas actúan por lealtad hacia su causa...). Ser capaz de perdonar es ser capaz de desprenderse de la mochila energética que nos ponemos cuando nos enfrascamos en criticar y culpar al otro. Perdonar es ejercitar tu propia resiliencia, tu capacidad de asumir situaciones duras y sobreponerte.

El perdón es cosa de dos: aunque es cierto que uno tiene que estar dispuesto a perdonar totalmente y comprometerse a reconstruir (dentro de sí) la imagen dañada del otro para aligerar su propia carga, el otro ha de cumplir con su papel y actuar de forma adecuada para ser perdonado y recuperar la confianza mermada. Pero no estamos acostumbrados a pedir perdón ni queremos darnos cuenta de cuánto daño nos causamos a nosotros mismos no haciéndolo. Ser capaz de pedir perdón de verdad y bloquear los mecanismos del ego intentando justificarse no solo proporciona alivio y liberación, sino que alimenta la confianza en la relación y en uno mismo. ¿Cómo pedir perdón?

> *Pedir perdón* es reconocer que uno cometió un error y dentro del ejercicio de sus responsabilidades, obrar para repararlo. Pedir perdón no merma a nadie, sino que engrandece al que lo hace y demuestra su nivel de compromiso con la relación y consigo mismo, así que no lo hagas a regañadientes.

Pide perdón con una declaración sincera, emotiva, abierta, vulnerable y estate dispuesto a compartir y escuchar las vivencias del otro, pero, sobre todo, a reparar y compensar el daño causado. Si no quieres reparar, no hace falta que pidas perdón, ya que pedir disculpas no es lo mismo que pedir perdón. Lo siguiente es un resumen, punto por punto, del proceso:

1. **Comunicación fehaciente.** Es de suma importancia comunicar tu compromiso fehaciente con tu pareja. Tienes que reconocer tus errores y mostrar tu absoluta disposición a enmendar la situación pase lo que pase.
2. **Interés auténtico y respeto.** Tienes que respetar y mostrar empatía hacia los sentimientos del otro. No se trata solo de entender, sino de sentir en tu propio cuerpo los efectos del comportamiento que ha dañado a la otra persona.
3. **Visión y acción.** Hay que recuperar la ilusión y volver a crear una visión común (y en común) de la relación para cerrar el proceso de perdón y pasar inmediatamente a la acción para reparar los daños causados.

A estas alturas ya sabes que nunca nos enojamos por la razón por la que creemos estar enojados. Nos enojamos por lo que está ocurriendo dentro de nuestra cabeza. Alguien te habla en un mal tono y eso te recuerda cierta circunstancia de tu vida y te enojas instantáneamente. Ya sabes que tu cerebro no tiene acceso a la realidad sino a su propia caracterización de ella, por tanto ¿qué es lo que te está molestando de verdad? Vale la pena indagar y entenderlo: es tu obligación espiritual.

¿Cómo perdonar entonces?

1. **Ver a la persona por encima de sus actos.** Perdonar a alguien significa volver a conectar con su esencia. Es ir a un nivel donde no puede haber malas intenciones solo diferencias.

2. **Comprender e igualar.** Hay que otorgar al otro el beneficio de la duda y tratar de entender sus verdaderas motivaciones: actuamos siempre por amor. ¿Serías capaz de hacer lo mismo bajo las circunstancias adecuadas?
3. **Limpiar y agradecer.** Ahora hay que reconstruir la imagen de la otra persona dentro de ti con una buena dosis de compasión y devolverle su anterior brillo. Se trata de borrar todas las manchas y rayas que le hayas puesto antes de perdonarle. Se trata de hacer este trabajo interior desde un alto nivel de consciencia y con un alto grado de compromiso con tu propia libertad: igual que es importante saber pedir perdón de corazón hay que saber perdonar de corazón. El verdadero perdón limpia totalmente el registro sin dejar ninguna marca «por si acaso» y permite volver a establecer la relación siempre y cuando la otra persona haya hecho también su parte. Perdonar es limpiar, no necesariamente olvidarlo todo, sino archivarlo en un lugar donde pueda ser recordado con amor y gratitud como una verdadera oportunidad de crecimiento y progreso de la relación.

Pedir perdón y otorgar perdón son actos incómodos para ambas personas. Es difícil pedir perdón, pero resulta también incómodo que te pidan perdón. A menudo la gente intenta quitarle hierro a la situación para escapar de la incomodidad. Pero recuerda que sin incomodidad no hay crecimiento. Tienes que estar dispuesto a asumir riesgos y soportar la incomodidad para crecer y hacer que la relación crezca.

> Donde no hay perdón, no solo hay resentimiento y desconfianza, sino también estancamiento y degeneración.

Todo lo que no crece, se muere y evitar pedir perdón cuando es necesario es evitar una oportunidad de crecimiento y truncar el desarrollo de una relación; o sea, encaminarla hacia la muerte. ¿Y si una relación fuera precisamente esto, un proceso continuo de perdón, aprendizaje y crecimiento?

Amar cualquier cosa es ser vulnerable.
No ames nada y tu corazón se retorcerá
y posiblemente se romperá. Si quieres asegurarte
de mantenerlo intacto, no debes dárselo a nadie,
ni siquiera a un animal. Envuélvelo con pasatiempos
y pequeños lujos evitando cuidadosamente cualquier
enredo. Guárdalo bajo llave, a salvo y sin riesgo,
en el ataúd de tu egoísmo. Pero en ese ataúd,
seguro, oscuro, inmóvil y sin aire, cambiará.
No se romperá, pero se convertirá en irrompible,
impenetrable y será condenado para siempre.
Amar es ser vulnerable.

C. S. LEWIS

Sé valiente: tira las armas

RECUERDO los días, cuando era niño, en que mi madre perdía los estribos y gritaba: «¡Tu padre no es más que un ogro con un ego gigantesco que solo piensa en él! ¡No lo soporto más!». Recuerdo, también, haberle preguntado en alguna ocasión, inocentemente: «¿Por qué no te divorcias, mamá?». A lo que ella solía contestar que no era tan fácil, que una mujer sola no tenía ninguna posibilidad de sobrevivir en aquella sociedad, más aún con cuatro hijos a su cargo. Sus palabras me partían el corazón y acababan de convencerme de que mi padre, en efecto, era un ogro que tenía prisionera a mi madre. Eso sí, en una casa de tres plantas y mil doscientos metros cuadrados, en un sitio privilegiado de la ciudad de Beirut, con vistas al mar, dos sirvientas, un jardinero y su propio coche a disposición…

Es verdad que nunca los escuché discutir y que mi padre, a pesar de ser un hombre bastante colérico, nunca llegó a faltar el respeto a mi madre, al menos en mi presencia. Él era cirujano y trabajaba mucho, por lo que a menudo estaba ausente, y mi madre tenía que dirigir su pequeño mundillo casi a solas. Mientras, yo fui creciendo y sacando conclusiones sobre las relaciones de pareja, sobre las cosas que no había que hacer y las que sí eran deseables, al menos para una mujer como mi madre.

Años después, cuando ya me había ido de casa y vivía en Sevilla, mis padres vinieron a visitarme un verano junto con el resto de la familia. Lo que vi entonces me sorprendió enormemente, ya que hacía mucho que no convivía con ellos. De pronto, tenía delante de los ojos, en mi propia casa, a dos personas completamente enamoradas y que no podían parar de tocarse. Mi padre se acostaba con la cabeza en el pecho de mi madre, que le acariciaba la frente, mientras él cerraba los ojos ronroneando como un gato saciado de cariño. Tengo fotos de ellos delante de la puerta de entrada abrazados como dos tortolitos en pleno baile de promoción… Incluso llegué a escuchar, en alguna ocasión, a mi madre diciéndole a mi hermana mayor, en tono de confidencia: «No puedo más, esto parece otra adolescencia, tenemos sexo todas las noches…». Pero en esta ocasión ella no parecía triste ni tenía nada que ver con aquella mujer frustrada de años atrás.

Llega un momento en toda relación, si dura lo suficiente, en el que los dos deciden soltar las armas de forma indefinida. Un buen día amanecen, se miran a los ojos y se dan cuenta de que se han pasado la vida entera luchando. Luchando y disparándose el uno al otro como milicianos a sueldo en una guerra civil que se libraba en su propio hogar sin que ellos se dieran cuenta. No solo se disparaban el uno al otro; antes habían disparado cada uno a las reglas del otro y a sus creencias intrínsecas, porque les parecían amenazantes hacia su propia integridad. Se dan cuenta de que siguen de pie en medio de los escombros de su propia relación y de que, a pesar de los muchos disparos, ambos siguen vivos y con ganas de vivir más y mejor. Ni uno pudo con el otro, ni el otro con el uno. Y empiezan a pensar que aquello que percibían como una amenaza quizá no lo fuera tanto… Entonces, los miembros de la pareja se miran a los ojos y se dan cuenta, por primera vez, de las arrugas que surcan la frente del otro. Esas arrugas son el testigo de los años pasados batallando, no se sabe en nombre de qué ni de quién. Todo pierde sentido y, por primera vez, se dan cuenta de que han estado enzarzados en una batalla que ninguno podía ganar. Ambos estaban perdiendo el tiempo, la energía y la oportunidad de vivir en paz y disfrutar de la vida.

Los dos deciden entonces, silenciosamente de motu propio, bajar las armas y tirarlas sin pedirle ninguna garantía a cambio al otro. Quizá, piensan, el otro no sea tan peligroso después de todo; quizá su forma de vivir no invalide la mía. De repente, el espacio de la relación se ensancha al haber cesado bruscamente la competencia por el centro del escenario: ambos integrantes se dan cuenta de que hay (y siempre hubo) suficiente espacio para los dos en la relación. La sensación que tienen es de abundancia, de haber pasado a vivir en una casa más amplia, con el doble de superficie... Las facciones se relajan, las miradas se tornan dulces y, después de mucho tiempo, se vuelven a encontrar. Y, en medio de ese silencio relajado que contrasta con los silencios tensos de antaño, dan cada una un paso hacia la otra y se disponen, por fin, a conocerse.

Por fin, cada uno reconoce las buenas intenciones del otro y la profundidad de ese amor que no se supo expresar en el fragor de la batalla. Se reconocen mutuamente el mérito de no haber abandonado nunca la partida, a pesar de todo, de no haberse marchado y dejado al otro solo. Incluso reconocen el coraje y el valor del otro al haber batallado tanto, con lo fácil que hubiera sido marcharse y dejar a todo el mundo plantado. El desprecio se desvanece como por arte de magia, dando lugar a un renovado sentimiento de amor y admiración que despierta un renovado interés en el otro. Parece que haya vuelto la primavera. Un rayo de sol matutino penetra el corazón despertándolo a la ternura de sus mañanas. Las ventanas se abren y la ternura se mezcla con la vulnerabilidad y la relación arranca, por fin, como nunca. En muchos casos la pasión vuelve a surgir de la nada, como si las brasas nunca se hubieran apagado debajo de las cenizas. Quizá, en medio de los ruidos ensordecedores de sus batallas campales, el amor nunca se había ido, aunque ellos no sabían verlo bajo la costra de la beligerancia.

Un día no pude resistirlo y le pregunté a mi madre qué había sido de sus frustraciones de antaño y cómo habían conseguido ella y mi padre dar un giro tan espectacular a su relación. Su respuesta, lacónica como es habitual en ella, fue: «Creo que nos dimos cuenta de la futilidad de las discusiones mientras la vida iba pasando…». A mi manera interpreto que eligieron la vida a la muerte, el amor a la soledad, y la felicidad a la riña.

> A veces solo hace falta deponer las armas para dar paso a la paz y que prospere la relación.

Hay países que, voluntariamente, han elegido prescindir de las armas y dejar de tener sus propios ejércitos. Seguramente esto los ha hecho más vulnerables, pero la historia es testigo de la prosperidad y felicidad de muchos de ellos. ¿Te atreverías tú a hacerlo en tu propia casa?

El amor se cultiva cuando exponemos voluntariamente nuestros lados más vulnerables (y a su vez poderosos) a ser vistos y conocidos de forma íntima y profunda. Ofreciéndonos con confianza, respeto y amor, honramos el ser espiritual que crece dentro de nosotros mismos.

BRENÉ BROWN

Erotismo

Si no puedes ir hacia los extremos, eres un fenómeno fijo y muerto. Uno debe ser capaz de moverse de un lado para otro, de ser flexible. La vida necesita polaridades.

OSHO

¡Menos mal que hombres y mujeres NO somos iguales!

HEMOS visto cómo mediante la empatía, el entusiasmo y la espiritualidad se puede llegar a construir una relación sana y profundamente íntima. Pero la intimidad, aunque a veces sea precursora de la atracción sexual, no es suficiente para que esta exista y se mantenga. Para que haya atracción sexual tiene que haber «química» o «piel» dentro de la pareja, como dijimos al inicio de este libro. Pero para que esta atracción perdure, tienen que existir también dos polos con cargas opuestas. Es consabido que dos polos de cargas similares no se atraen, se repelen.

Según el diccionario, *polarizar* significa «atraer, concentrar, captar, absorber…». Todas estas palabras son válidas y ayudan a comprender el significado de polarizar, pero, como veremos más adelante, la más importante de todas a efectos de nuestra conversación es «concentrar». Cuando hablamos de polaridad en el ámbito erótico de las relaciones, hablamos de movimiento hacia los extremos donde se concentran las energías masculinas y femeninas. Polarizar es concentrar o exagerar las energías opuestas dentro de la pareja para alimentar la atracción. La igualdad mata la pasión.

No estoy sugiriendo que femenino sea lo opuesto a masculino en el sentido literal de la palabra ni que uno sea positivo y otro negativo, sino que son dos cargas energéticas complementarias y que se atraen mutuamente. Hablaremos de forma más detallada en el capítulo «Masculino y femenino en acción» sobre la naturaleza de esas energías y su efecto sobre nuestras relaciones.

Es evidente que como hombres y mujeres conviviendo en el planeta tenemos el mismo valor y los mismos derechos, pero no somos iguales, y debemos dejar de intentar serlo si deseamos mantener vivas y cargadas de erotismo nuestras relaciones íntimas. En lugar de eso debemos preservar y exacerbar nuestras polaridades sexuales. Como compañeros sexuales debemos incluso ser capaces de exagerar nuestras diferencias para seguir atrayéndonos.

Quiero dejar bien claro que no me refiero tanto a hombres y mujeres como a energías masculina y femenina, que se encuentran también en una relación entre dos hombres o dos mujeres. Ambas energías se manifiestan en cada uno de nosotros, ya seamos hombre o mujer, en diferentes momentos e intensidades, pero, por lo general, en cada pareja hay un miembro con mayor carga masculina y otro con mayor carga femenina, lo que no siempre se corresponde con la apariencia física o fisiológica de un hombre y una mujer. Por tanto, el tema de la polaridad se aplica igualmente a las parejas homosexuales, porque ahí también encontramos cargas diferentes de energía masculina y femenina.

Ser capaz de polarizar es la culminación del proceso de mantener o recuperar la pasión.

EJERCICIO

Si echas un vistazo hacia atrás, a los años cincuenta, la época dorada del matrimonio, verás que las funciones o papeles masculino y femenino parecían muy bien definidos. Los hombres se iban a trabajar como soldaditos por la mañana mientras que sus mujeres (siempre perfectamente acicaladas y con delantal) los despedían en la puerta con un beso. A la vuelta del trabajo, la misma mujer, todavía impecable, a pesar de un día entero de labores domésticas, volvía a esperar a su héroe en la puerta para darle la bienvenida, con otro beso apasionado, a un hogar cálido y acogedor con olor a bizcocho recién hecho. Se dice que entonces los hombres eran hombres y las mujeres, mujeres... No temas, esto no es una invitación a que vuelvas a los años cincuenta ni a que actúes de esta forma. Solo quería darte la posibilidad de apreciar lo diferentes que son las cosas son hoy.

Efectivamente, las cosas son muy diferentes y ni nuestras circunstancias ni nuestros comportamientos tienen algo que ver con aquello, pero lo cierto es que nosotros, como seres humanos en permanente evolución, no podemos pretender ahora ser tan diferentes: no hemos tenido tiempo todavía... ¿Qué estoy intentando decirte? Que aunque nuestro entorno haya cambiado de forma sustancial, por dentro nos siguen gustando en gran parte las mismas cosas. Las mujeres siguen apreciando la caballerosidad y tener a su lado a hombres sólidos con una fuerte presencia (de hecho, este término se utiliza como sinónimo de atractivo) en los que poder apoyarse, si no ya a nivel financiero, sí al menos a nivel emocional. Y, por su parte, los hombres siguen siendo sensibles a la dulzura, la delicadeza y la vulnerabilidad, ambas marcas de la energía femenina, como veremos más adelante.

Polarizar sería jugar a exagerar esos rasgos en tu pareja. Lo puedes hacer con gestos (como hacer una tarta o abrirle la puerta), con atuendos (vestidos *versus* pantalones...) o bien en profundidad, o sea, con actitudes (presencia masculina o vulnerabilidad femenina). Pruébalo y observa lo que ocurre.

Lo contrario de amor no es odio, es indiferencia.
Lo contrario de arte no es fealdad, es indiferencia.
Lo contrario de fe no es herejía, es indiferencia.
Lo contrario de vida no es muerte, es indiferencia.

ELIE WIESEL

Para ir al séptimo cielo debes conocer la séptima necesidad

Al principio del libro te hablé de las seis necesidades que todos tenemos según la Psicología de las Necesidades Humanas (PNH). Sin embargo, para adentrarnos más en el tema de la pasión y del deseo sexual tenemos que introducir una séptima necesidad: la necesidad de «ser yo», de diferenciarse. Esta necesidad influye de manera decisiva sobre el proceso de mantener y recuperar la pasión.

Según la antropóloga Helen Fischer, el deseo sexual obedece a tres impulsos biológicos básicos de los seres humanos:

1. **La lujuria:** búsqueda de gratificación sexual o necesidad de poseer cualquier pareja posible.
2. **El amor romántico:** enamoramiento, ilusión por y con una persona determinada.
3. **La creación de un vínculo duradero:** relación tranquila y duradera que puede servir para formar una familia.

Cada uno de los estados anteriores responde a la segregación de unas hormonas determinadas que interactúan con el resto de hormonas del cuerpo, bien reforzándolas bien suprimiendo sus efectos. Por ejemplo, las hormonas del amor romántico pueden estimular las de la lujuria (y viceversa), pero las hormonas que ayudan a la creación de vínculos duraderos pueden anular las de la lujuria y las del amor romántico (esta es la razón por la que el amor romántico no suele durar).

Ahora bien, según el doctor David Schnarch, el final del amor romántico no significa automáticamente el final de la relación debido a la imposibilidad de recuperar la pasión. Según él, existe un cuarto impulso que afecta, de forma más tajante que los anteriores, al deseo sexual: se trata de la necesidad de «ser yo», de forjar y preservar una identidad propia. El doctor Schnarch afirma que el deseo aparece o no según «cómo una persona se percibe a sí misma, del trato que recibe de la pareja y de la forma que cree ser percibida por esta». Aquí entra en escena nuestra séptima necesidad, la de «ser yo», que de hecho controla todas nuestras interacciones con los demás, no solo nuestros impulsos sexuales.

> Todas nuestras relaciones y todos nuestros logros en la vida son irremediablemente gobernados por la imagen que tenemos de nosotros mismos, por nuestra identidad.

El *coach* americano Tony Robbins afirma que la vida no nos trae nunca aquello que deseamos, sino aquello que creemos que nos merecemos según la imagen que nos hemos formado de nosotros mismos.

Cuando estamos empezando una relación, normalmente buscamos la fusión con la otra persona, pero a medida que avanza surge la necesidad de «separarse» y volver a «ser yo». De hecho, una relación exitosa es una sucesión, fluida y sin discordia, de momentos de fusión y de separación. Como dijimos antes, una relación es un baile de amor entre dos personas.

A menudo, con el paso del tiempo y la interacción del día a día, las parejas se van «fusionando», empiezan a tener gustos similares, adoptan posturas parecidas y van adquiriendo mayor importancia el uno para el otro. Llega un momento en el que se vuelven tan imprescindibles el uno para el otro que casi llegan a formar un mismo cuerpo. A la larga se hace cada vez más difícil diferenciarse del otro y sentirse una persona completa. Pero para que haya pasión y explosión sexual, es importante evitar esta fusión total. Las dos personas tienen que aprender a respetar sus diferencias y alentarlas por el bien de la relación, tienen que seguir bien diferenciadas manteniendo cada uno su identidad propia. Hay que recordar que una relación sana es una zona de interdependencia, como vimos anteriormente: dos personas que comparten cada una la mejor parte de si misma con la otra. Dos personas totalmente «fusionadas» se sienten asfixiadas y llegan a perder la pasión.

La necesidad de «ser yo» es la base del erotismo. Cada persona tiene que poder ser la máxima (y mejor) expresión de sí misma dentro de la relación para que esta se mantenga sana. Y fuera de la relación también. De hecho, «ser yo» significa también tener algo de vida propia, no contar con tu pareja para cubrir todas tus necesidades afectivas, sino más bien las que no tienes cubiertas con los amigos, la familia o el trabajo.

En una relación siempre habrá una persona que necesite más fusión y otra que necesite más separación, lo mismo que habrá siempre una que necesita más sexo y otra menos. Y es la que menos necesidades tiene la que suele tener el control. Pero no se trata de encontrar quién tiene razón, sino de estar «en relación». Hay que saber encontrar el equilibrio entre las necesidades de ambos y aprender a querer al otro en la fusión y en la separación, a sabiendas de que cada estado motiva el otro. Hay que saber estar «presente», a pesar de estar separado, mantener la conexión a pesar de estar diferenciado. La diferenciación no es borrar del mapa al otro ni debe ser percibida como abandono. Para ser nutritiva para la relación y no ser percibida como un castigo, la separación debe ir acompañada de un compromiso y una promesa de regreso.

¿Qué es eso de «ser yo» de todas formas?

> **Ser yo,** en una frase, es bailar al son de tu propia música, la música que llevas dentro. Es aceptar y celebrar lo que eres, lo que te ha traído hasta aquí. No se trata de aferrarte a tus reglas (unas reglas a veces absurdas, tú y yo ya lo sabemos...), sino de aprender a aceptarte y amarte con lo bueno y lo malo que hay en ti.

Tampoco se trata de encasillarte con el típico «Soy así», como si fueras una cosa fija o una estatua de sal ni de dejar que te encasillen con un «Tú eres...» que te obliga a cumplir con las expectativas de quien te lo diga. Ser tú es aceptar tu «yo», un ser en constante evolución, fluctuación y crecimiento de la misma forma que (en general) aceptarías la personalidad de una persona que amas profundamente. Ser tú, entonces, empieza por reconocer que hay un «tú» y estar dispuesto a establecer una relación efectiva, sana y armoniosa con ese ser, dándole tiempo para crecer, espacio para evolucionar, experimentar y amor para perdonar y rectificar. Te invito a que empieces ahora mismo un nuevo descubrimiento de esa maravillosa persona que eres tú y a la que, posiblemente, te hayas olvidado de cuidar dándole el amor y la aprobación que, como todo ser humano, se merece por el mero hecho de haber nacido.

Recuerda que aquello que ahora te dispones a darte a ti mismo, también hay que ser capaz de dárselo a los demás: si no quieres que te encasillen, tú tampoco debes hacerlo. Ya sé que lo sabes, pero ¿te das cuenta de que, en general, cuando uno comete un error, por ejemplo decir algo inoportuno, suele declarar que aquello fue solo un desliz, pero cuando otra persona comete el mismo error la consideración es otra: él/ella *siempre* hace eso porque es su naturaleza, *es* así? Cuando hablamos de nosotros mismos, no nos gusta que nuestra persona entera sea catalogada en función de algún hecho trivial (o no), pero cuando se trata de otros, rara vez nos privamos de emitir juicios sobre su persona en base a un comportamiento aislado. La esencia de «ser yo» es ser capaz de ver a la persona que hay detrás del comportamiento y evitar las catalogaciones y comparativas dañinas en todos los aspectos.

Hablando de comparaciones, no puedo evitar mencionarte un tema que creo sumamente importante... ¿Cómo saber si lo que tienes con tu pareja es «pasión»? ¿Comparando con lo que cuentan tus amigos o lo que vemos en películas románticas o revistas del corazón? ¡Falso! No te puedes imaginar el daño que producen esas historias, o bien la pornografía en el desarrollo de una sexualidad sana en pareja. Viendo esas escenas, todo el mundo se imagina que tiene que ser capaz de «estar a la altura», de cumplir las expectativas distorsionadas del otro... Es más, existen casos de mujeres que se creen anorgásmicas, porque sus orgasmos no cumplen con los criterios leídos o escuchados por ahí. Este es el arte de hacerse miserable a uno mismo: ¡esperar que los demás me digan lo que debo sentir o no! «Ser yo», recuerda, significa bailar al son de tu propia música y vibrar al son de tus propias células, no las de otras personas.

Entiendo que, en este momento, te sientas un poco desconcertada, pero permíteme decirte algo: no sufras, no se trata de una cuestión matemática... Solo tienes que entender que mantener la pasión es ser capaz de encontrar un equilibrio propio que me permita «ser yo», un yo positivo, no reivindicativo, capaz de compartirse abiertamente con el otro desde la vulnerabilidad para construir una profunda sensación de intimidad espiritual. Eso es más bien un arte, y cuanto más cerca estés de tu esencia y de aceptarte tal cual eres, más fácil te resultará hacer vibrar tus células y las de otra persona al son de vuestra propia música.

Llegar a un equilibrio es entonces una búsqueda permanente, porque no existen equilibrios estáticos en la naturaleza: el acróbata pasando por una cuerda arriesga, pierde y recupera el equilibrio en cada instante. El mismo acto de caminar es arriesgar, perder el equilibrio hacia delante y recuperarse avanzando el pie. Es esta misma búsqueda la que tanto nos exige y tanto nos hace crecer, ya que se trata, como lo dijimos antes, de todo un arte: el arte de mantener la tensión (del que hablaremos más en detalle en el capítulo siguiente).

EJERCICIO

Como te dije más arriba, la necesidad de «ser yo» es la base de la pasión, por tanto, cuidar de ti misma/o es un acto de amor. Hagamos un pequeño chequeo…

- ✔ ¿Cuidas lo suficientemente bien de ti?
- ✔ ¿Pasas tiempo a solas en plena naturaleza o meditando para volver a tu centro, entender quién eres y recuperar tu rumbo? (Esto es particularmente importante para los hombres, como veremos más adelante.)
- ✔ ¿Tienes un *hobby*, un espacio de expresión propia al que dedicas un par de horas a la semana?
- ✔ ¿Cuidas tu cuerpo, tu alimentación…?

- ✔ ¿Lees, te formas, trabajas tus valores, te permites crecer o vives encerrado en un sistema asfixiante por miedo a «no pertenecer»?
- ✔ ¿Eres capaz de encajar una sensación de rechazo de vez en cuando? El rechazo forma parte de la vida y, si estás dispuesto a hacer de todo con tal de nunca ser expuesto a esta sensación, es probable que hayas dejado de ser tú hace tiempo... La mejor forma de aprender a soportar el rechazo es pasar por ello y ver que «no pasa nada»: no te vas a morir porque alguien decida que no le apetece estar contigo en este momento... ¿Qué tal si dejas de huir y te enfrentas al rechazo como una experiencia necesaria y benéfica de tu propio yo?

Para que funcione algo en televisión tiene que tener conflicto. Nada debe ser tan feliz que se vuelva aburrido. La gente no quiere ver eso. Quieren vivir cosas emocionantes, peligrosas, "sexys" y llenas de tensión.

CARRIE PRESTON

El arte de tensar la cadena

¿HAS intentado alguna vez ir en bicicleta con la cadena floja? ¿Verdad que se sale con mucha facilidad, dejándote tirado en pleno camino? La tensión tiene mala prensa, pero no hay propulsión sin un mínimo de tensión.

Asimismo, cuando no hay tensión, tampoco hay pasión: la pasión se siente en el cuerpo como una tensión positiva entre dos personas. Esto explica, por ejemplo, que a veces las parejas tengan su mejor sexo justo después de una buena pelea. Aunque no por eso voy a invitarte a que te pelees, claro…

¿Qué es lo que mantiene esa tensión positiva? La verdad es que se trata de todo un arte de equilibrista. ¿Recuerdas que dijimos que una relación era un baile del amor entre dos personas, en el capítulo «Los conflictos no surgen entre personas, sino entre creencias?». Pues bien, se trata de mantener la conexión con el otro y seguir bailando, aunque estéis separados.

Una pareja se siente conectada de muchas formas, pero también cuando comparte detalles aparentemente triviales de la vida cotidiana: qué has comido hoy, qué ruta has seguido para ir al trabajo, qué te ha sucedido… Pueden parecer aspectos triviales, pero son vitales para que se mantenga viva la conexión y fluya el amor. Cuando no se les da la importancia necesaria a esos detalles, las personas empiezan a sentirse enajenadas de la pareja, al verse incapaces de mantenerse vinculadas a la vida del otro. A menudo se quejarán de la situación (de forma indirecta o incluso abierta y agresiva) y si no se les atiende empezarán a replegarse sobre sí mismas. Con el tiempo desarrollarán un desapego o indiferencia hacia el otro… ¿Qué crees que pasa entonces con la pasión? Pues sí, cuando la cadena anda floja, la pasión, agoniza y se muere. Por tanto, es importante tomarse la molestia de mandar ese mensaje o hacer esa llamada, aunque sea para contar una trivialidad o compartir un momento gracioso o anodino, pues, si no compartes nada de tu día a día conmigo, no podré sentirte y quizá se me acabe saliendo la cadena.

Por otra parte, demasiada tensión rompe la cadena: para que exista y se mantenga la pasión, también tiene que haber separación y relajación. Se trata de saber mantener la tensión adecuada: cuando una cosa y su contrario son necesarias para la buena salud de la relación e imprescindibles para que aumente la pasión, convivir con ambas de forma armoniosa se vuelve todo un arte. Lo difícil, claro, es decidir cuánta tensión, o sea, qué dosis de conexión y separación son necesarias para que funcione la mezcla. Francamente, eso depende de cada pareja y del vínculo que la une. Se tendrán que probar distintas proporciones y evaluar abiertamente. Hay que estar a la escucha y evitar el reproche ¿recuerdas?

En cualquier caso, no hay límites para las fórmulas y todas son aceptables. Hay relaciones que florecen con la pareja conviviendo y trabajando juntos, pues para ellos es suficiente separación que el otro vaya al baño… Y las hay que necesitan vivir en dos casas o ciudades diferentes, con dos vidas bien separadas, manteniendo el contacto con visitas esporádicas y algún que otro mensaje y llamada telefónica. Evidentemente, en estos casos se corre el riesgo de que se enfríe la relación y se mezclen energías de terceros.

El arte de mantener la tensión también hay que aplicarlo al lenguaje sexual: no ayuda ser siempre muy educado y respetuoso, tampoco siempre explícito y agresivo, lo que ayuda es bailar entre los extremos (es decir, aplicar la «polaridad», el movimiento de un polo a otro). Lo mismo es importante ser capaz de hacer el amor con el máximo de dulzura y detenimiento que echar un polvo rápido con tu pareja. Cuando las parejas dejan de follar, el sexo se vuelve demasiado púdico y rutinario, llevando a algunas personas a buscar fuera el picante que ya no encuentran dentro de la relación. Y, por el contrario, cuando las parejas solo follan, surgen sentimientos de rechazo, soledad y sensación de no ser más que un objeto de gratificación sexual para el otro. En este sentido también es importante ser capaz de bailar entre dos extremos: la persona más significativa en tu vida y un mero objeto sexual. Es imprescindible respetar a tu pareja, pero no tanto como para dejar de tratarla como un objeto sexual de vez en cuando; priorizarla en tu vida, pero no tanto como para empezar a tenerle miedo. Respetar a tu compañero pasa también por honrar su dimensión sexual «haciéndotelo» de vez en cuando.

En resumidas cuentas, no hay nada bueno ni malo en lo que a la pasión respecta. Lo que apaga la pasión es precisamente pensar en estos términos. Hay que tratar de evitar los excesos en una dirección u otra (cansan) y aprender a mantener la tensión a través del equilibrio de los aromas y de las especias, para que tus encuentros sexuales sigan siendo un plato de buen gusto.

EJERCICIO

Siéntate a hablar con tu pareja y haceros las preguntas siguientes:

- ✔ En una escala del 0-10, ¿cuál es el grado de satisfacción de cada uno con la sensación de conexión que reina en vuestra relación?
- ✔ ¿Os sentís realmente conectados con el otro compartiendo los detalles íntimos (y triviales) de su vida?
- ✔ ¿Seríais capaces cada uno de decir cuáles son las comidas favoritas del otro, su color y el nombre de su mejor amigo?

Ahora también en una escala del 0-10:

- ✔ ¿Cuál es el grado de satisfacción de cada uno con la sensación de separación (individualidad) con respecto al otro?
- ✔ ¿Tenéis tiempo suficiente para vosotros mismos, para practicar alguna afición, leer, hablar, relacionaros con otras personas, etc.?

Cuando tengáis las puntuaciones, tenéis que compartirlas (vulneraros) y buscar juntos la forma de mejorarlas. La meta es obtener una nota como mínimo de 8.

Por otra parte, y eso es mucho más delicado, a veces hay que hablar de los ingredientes sexuales. Aquí no vamos a hacer puntuaciones: no se trata de una maratón. Se trata de saber expresar tus preferencias a tu pareja sin herir sus sentimientos. Es mucho más efectivo un «Me encanta cuando me haces tal cosa (incluso más que tal otra)» que un «No me gusta que hagas esto». Recuerda, la cama no es el mejor lugar para tener esta conversación (y mucho menos en plena «faena»): a la cama solo se va a disfrutar o a dormir; tiene que ser un espacio seguro para la expresión sexual de ambos. Mejor ir de paseo y aprovechar para calentar el ambiente para más tarde con una conversación sexy en la que no haya que escatimar en cumplidos y muestras de deseo y validación.

La esencia misma de la seducción es la incertidumbre.

OSCAR WILDE

¡Riesgo! Haz algo más divertido que saltar en paracaídas

Como en todas las recetas, en la de la pasión también es importante saber «dosificar» para obtener el mejor resultado. Demasiada empatía puede dar lugar a la fusión emocional y acabar matando la carga erótica de la relación. Demasiado entusiasmo a la hora de brindar tu colaboración corre el riesgo de transformarte en esclavo, y sin darte cuenta acabarías asumiendo las responsabilidades del otro. Demasiada vulnerabilidad impide la posibilidad de tener una colaboración sana, ya que cualquier comentario funcional será percibido como un reproche. Y demasiada polaridad puede dar lugar a la desaparición de los tres ingredientes estudiados anteriormente (empatía, entusiasmo y espiritualidad) y, por tanto, de la conexión y la intimidad acabando por dañar también el tejido erótico de la relación.

Una forma de explorar la dosificación correcta de estos ingredientes (diferente para cada pareja) es abrir la puerta del juego para «probar» distintas fórmulas sin asumir demasiados riesgos, pues el juego permite corregir y dar marcha atrás. El mero hecho de jugar establece un clima de confianza, colaboración y entusiasmo que puede dar lugar a un mayor nivel de intimidad. Muy a menudo se nos dice que las relaciones necesitan trabajo (yo mismo te lo he dicho al principio de este libro), pero permíteme jugar un poco contigo ahora y afirmarte lo siguiente: si una relación necesita principalmente trabajo, una relación apasionada necesita principalmente juego. Menos mal, ¿no? Si tuvieras que trabajar en tu vida sexual ¿dónde y cuándo jugarías?

¿Pero qué es jugar? Puede que recuerdes cómo jugabas de niño, inventando historias, pretendiendo ser otra persona, etc., pero para definir el juego en pareja la palabra perfecta nos viene del inglés, *tease,* porque engloba todo lo siguiente: coquetear (dar señales sin comprometerse), bromear, molestar, provocar, tentar, etc. Es posible que la palabra *tease* te evoque uno de los posibles juegos divertidos en pareja: el *striptease* que consiste en ir quitándote la ropa de forma sugerente delante de tu pareja para seducirla, excitarla, divertirla, provocarla, tentarla, picarla, calentarla, torturarla, atraerla, escandalizarla, dominarla, captar su atención, encender su deseo, alimentar su imaginación, subir su tensión… Todas estas palabras y expresiones son ejemplos de lo que jugar podría significar en pareja y no solo se pueden practicar quitándote la ropa, sino también a modo de juegos verbales (en persona, por teléfono, correo o mensajes), mediante el tacto (caricias, mordiscos), o de cualquier tipo.

Jugar es arriesgar, aventurar por el mero placer de hacerlo. La esencia del juego, por tanto, es la incertidumbre. El exceso de seguridad o certeza impide el juego y mata la chispa que alimenta la pasión en la pareja.

> El juego te permite salir de tu zona de seguridad y confort sin asumir demasiados riesgos y seguir siendo tú.

Para que el juego sea, además de entretenido, productivo, tenemos que poder sentirnos lo suficientemente libres como para expresar nuestra personalidad a través de la seducción. Eso será posible siempre y cuando pactes con tu pareja que no habrá críticas ni reproches, pues, cuando aparecen, desaparece el juego. Evidentemente, ten en cuenta que a ti también te tocará ofrecerle a tu pareja una zona segura dentro de la cual podrá correr riesgos y expresarse a través del juego. Contradictorio ¿verdad? Pues ¡la contradicción también forma parte del juego! Recuerda que cuando no podemos divertirnos dentro de la pareja, tarde o temprano surgirá la tentación de ir a buscar algo de diversión fuera…

Hablando de diversión, no hay mayor afrodisiaco que el humor. Un buen sentido del humor y risas en la pareja son prácticamente garantía de que se pueda mantener o recuperar la pasión en la misma. No hay nada más atractivo o sexy que una persona que te demuestra interés mientras se lo va pasando bien. A buen entendedor.

Jugar también incluye cautivar (embargar el ánimo) y embrujar (ejercer atracción o influencia).

Para ilustrar esto último te contaré una situación que viví hace unos años. En cierta ocasión fui a visitar a mi hermana a Dubai, donde residía por aquel entonces. Nada más aterrizar en el opulento aeropuerto de Dubai sentí algo extraño, como una llama que se encendía dentro de mi cuerpo. Un deseo sexual se despertó de repente dentro de mí y no entendía por qué. Desde luego, no parecía que fuera por la belleza de las mujeres locales, pues estaba en un país árabe en el que las mujeres van tapadas de los pies a la cabeza. De hecho, según me habían contado, la única forma que tenían los hombres de saber si una mujer era la esposa de tal o la madre de cual era… ¡por sus tobillos!

Cuando vino a recogerme mi cuñado, no pude evitar preguntarle si pasaba algo raro allí, porque me sentía como un toro bravo. Se rio un buen rato de mí, pero finalmente me confirmó que aquella energía no le era totalmente indiferente a él tampoco. Veinte minutos después llegamos al Hyatt Regency, donde residía mi hermana con su familia y al entrar en el *lobby* de aquel hotel occidental sentí que la cosa amainaba.

A la mañana siguiente bajé al *lobby* para tratar de cambiar dinero. Me acerqué al mostrador de caja, donde una chica con un pañuelo en la cabeza me saludó sin levantar la cara. Cuando acercó la mano para coger mi billete vi que la llevaba decorada con *henna*. Intenté dedicarle una sonrisa, pero ella evitaba el contacto visual entre nosotros, lo que resultaba algo incómodo, pero por otra parte creaba una extraña sensación de intimidad entre los dos, como si otros órganos de nuestros cuerpos se estuvieran intentando comunicar... Picado por la curiosidad, me puse a observarla de arriba abajo y noté que la excitación del día anterior invadía de nuevo mi cuerpo. Me asusté de la intensidad de mi propia excitación. Entonces, todavía sin mirarme, me acercó un recibo que firmé con una mano algo temblorosa y me tendió los billetes. Volví a mirar sus bonitas manos decoradas y le di las gracias. Y justo en aquel instante levantó la cara y lentamente, muy len-ta-men-te, los párpados. Aquel simple movimiento logró parar todos los relojes del reino. Tuve la certera impresión de que con el movimiento de sus párpados fue a mí a quien levantó, pues dejé de sentir el peso de mi cuerpo, como si hubiera por lo menos cinco centímetros entre mis suelas y el piso. Me quedé colgando de sus párpados, indefenso y suplicando que no me dejara caer. Y cuando ya me tenía a su merced, totalmente subyugado, me clavó durante un instante eterno unos increíbles ojos color miel y me inyectó algún tipo de dulce sustancia. Estuve una eternidad colgado allí, aunque en realidad debieron ser apenas unos segundos. Finalmente, fue bajando la cara, depositándome otra vez en el suelo. La miel seguía deslizándose lentamente por mi garganta hasta llegar a los pies e incluso a los zapatos, que se quedaron pegados al suelo. Intenté hablar, pero los incoherentes sonidos que emití no fueron merecedores de un nuevo levantamiento de párpados. No hubo manera de reproducir el contacto visual, así que después de un momento de duda, me fui tambaleando hacia el ascensor.

Cada uno puede sacar sus conclusiones de esta anécdota, pero la mía está clara: el misterio, lo que aquí llamo embrujo, enciende sin duda la pasión. Estoy seguro de que si aquella mujer me hubiera mirado a la cara al principio y hubiera marcado algún tipo de límite, de distancia formal, yo no habría experimentado ninguna de aquellas sensaciones.

EJERCICIO

La esencia de la seducción contiene dos tes: *touch* (tocar) y *tease* (tontear). Hay una tercera T para las mujeres, pero no te la pienso decir. (¿Qué estoy haciendo? Solo un pequeño *tease* inocente... :-)

Te ofrezco un par de ejemplos de *tease* y *touch*:

- ✔ Juega con el otro a base de negaciones dobles, por ejemplo: «No estoy seguro de que seas el hombre menos interesante en esta fiesta...». Recuerda que eso es solo un juego para hacer reír al otro, no te pases.
- ✔ Decir lo contrario de lo que piensas realmente (con una gran sonrisa en la boca): «Creo que eres la mujer más fea que he visto en mi vida». Utilizar sin exagerar.
- ✔ Juguetea con las manos y el cuerpo de la otra persona (cosquillas, pequeños empujoncitos cariñosos, etc.).

No creas que el amor, para ser verdadero, tiene que ser extraordinario. Lo que necesitamos es amar sin cansarnos. Sé fiel en las cosas pequeñas, porque es en ellas donde reside tu fuerza.

MADRE TERESA

Si quieres ser espontáneo, planifícate bien

MUCHAS parejas creen que la espontaneidad es algo sagrado y no quieren oír hablar de planificación en su vida sexual. Sin embargo, a veces se pierde la pasión simplemente porque se pierde el hábito de tener sexo. La pareja deja de hacer el amor durante un tiempo por la razón que sea (trabajo, alejamiento, discusión, maternidad...), luego se acostumbra a esta nueva situación y cada vez le resulta más difícil volver a encender el fuego. Y es que la pasión es una buena costumbre que se puede perder debido a las presiones de la vida cotidiana.

Una de las soluciones más brillantes a este problema me llegó de la boca de Jill una clienta de *coaching* de EE. UU. Jill estaba casada con Mark, que tenía una clínica dental. Ella llevaba la administración del centro, así que se veían no solo de noche, sino también durante el día. Jill y Mark llevaban bastantes años casados y su vida sexual presentaba serias señales de aburrimiento. Una de las causas que provocaron el bajón fue que a Mark le gustaba tener relaciones nada más despertar por la mañana, mientras que Jill a aquellas horas no solía estar «de humor». Esta falta de sincronía en sus «relojes pasionales» contribuyó a enfriar los ánimos de la pareja y se instaló el hábito de no tener relaciones.

Viendo que la situación se volvía insostenible, empezaron a analizar juntos el problema. Se dieron cuenta de que ambos habían dejado de intentarlo cuando tenían ganas por temor a cosechar un rechazo. No es que no se gustaran, simplemente es que no coincidían

Un buen día, Jill se encontraba tranquilamente revisando la agenda profesional de Mark por la tarde cuando empezaron a aparecer en su mente imágenes eróticas. De repente, y sin saber por qué, cogió un bolígrafo y empezó a bloquear horas en la agenda de Mark como si se tratara de citas con clientes. Fue entonces cuando decidió proponerle un plan atrevido a su marido: al día siguiente utilizarían las horas bloqueadas del mediodía para irse a un hotel como si fueran amantes furtivos. Después de resistirse un poco a la idea, Mark finalmente aceptó el juego.

Por la mañana, Mark y Jill fueron en coche juntos, como de costumbre, a la clínica. Ninguno de los dos se atrevió a mencionar la cita del mediodía, como si temieran que, al hacerlo, se rompería la magia. En el coche, tratando de mantener el embrujo, se observaban de reojo de vez en cuando. Mark miraba furtivamente el generoso escote y la falda sexy de su mujer; y ella, por su parte, se deleitaba con el aroma de aquel perfume que Mark no solía llevar para ir a la consulta.

Cuando llegó la hora, salieron juntos de la clínica y Jill fue guiando a Mark, ya que ella había hecho los preparativos y se había encargado de reservar una suite en un hotel céntrico de la ciudad. Estuvieron un poco tensos durante el *check-in*, pero poco a poco se fueron soltando. En la habitación los esperaba una botella de cava y unos entremeses ligeros. Mark descorchó la botella y lo que siguió fue uno de sus más bellos y apasionados encuentros eróticos en mucho tiempo.

Horas después salieron del hotel cogidos de la mano y con una sonrisa dibujada en la cara. En el camino de vuelta jugaron a ser una pareja de amantes que se tenían que separar para volver cada uno a su vida y tomaron la determinación de volver a «verse» pronto.

En las semanas que siguieron la pasión volvió a hacer acto de presencia a menudo, hasta el punto de que Jill se encontró un buen día solicitando los favores de Mark por la mañana, mientras que él también le apetecía hacerlo por la noche. Sus respectivos relojes ya no constituían ningún impedimento para su vida amorosa.

Según las palabras de la propia Jill, lo más excitante no era el cambio de contexto, sino el hecho de poderse tomar el tiempo necesario para prepararse mentalmente para el encuentro y tener la certeza de que ese tendría lugar. El sexo volvió a ser algo «seguro» y satisfactorio en su relación, en lugar del campo de minas que había sido en los últimos tiempos. Cada vez que Jill sorprendía a Mark bloqueando unas horas en su agenda, ambos tenían sonrisas en la cara durante días. Ambos tenían la certeza de ser deseados por el otro y cada uno podía ir preparándose por su cuenta, a su propio ritmo, para el encuentro. Soltaban la imaginación y se deleitaban por anticipado con la experiencia, y cuando, por fin llegaba el día señalado, ambos se encontraban totalmente preparados el uno para el otro y gozaban a fondo del encuentro.

Con su descubrimiento de la «espontaneidad planificada», Jill había logrado devolver la pasión a su pareja sencillamente haciéndole sitio en su ajetreada agenda. Con esas citas no solo honraba a su pareja, sino que honraba su relación y se honraba a ella misma. Recuerdo a Jill riéndose pícaramente mientras me explicaba su historia y diciendo: «Créeme, después de 18 años de matrimonio, esto está siendo mil veces mejor que los "Aquí te pillo, aquí te mato" de los inicios».

Por tanto, aplicar soluciones creativas a los problemas de pareja ayuda a flexibilizarla, rejuvenecerla y energizarla. Al final, tus hábitos y rituales son un reflejo de tus prioridades, así que está bien priorizar la pasión y la pareja en vuestros hábitos. Una buena forma de poner esto en práctica es apuntándose a la «espontaneidad planificada». Hay que saber crear y mantener un espacio seguro dentro de la pareja para que se pueda expresar la pasión. Sin ese espacio (y el tiempo necesario para disfrutarlo), la pasión se marchita y muere. De hecho, la espontaneidad planificada es una enorme muestra de madurez y compromiso con uno mismo y la pareja. Preparar un encuentro sexual a conciencia es prestar atención a lo importante, por encima de los problemas y obligaciones del día a día. La espontaneidad planificada ayuda a mantener un alto grado de intimidad en la relación.

EJERCICIO

¿Adivinas lo que te voy a proponer? Seguro que sí. Te sugiero que hagas algo parecido a lo de Jill, aunque adaptado a tus circunstancias. De lo que se trata, en definitiva, es de reservar un tiempo y un espacio para disfrutar con tu pareja de esa intimidad que por el motivo que sea no acabáis de encontrar (los compromisos laborales, los niños, las aficiones...). Es muy importante que ese tiempo y ese espacio sean sagrados para ambos, que se respeten, que no se aplace el encuentro por cualquier imprevisto de trabajo o de otro tipo (salvo que sea algo realmente ineludible, claro). En caso de tener que aplazar una de vuestras «citas», el que la haya anulado tendrá que compensar de alguna manera a la pareja. Planificad esas citas «espontáneas» con regularidad, igual que lo hacéis con otras actividades, y preparaos bien para disfrutar de esos momentos.

Cada vez que dos polos se encuentran,
algo nuevo nace, se logra una nueva síntesis.
La vida ocurre siempre en el encuentro,
nunca en la separación.

OSHO

Masculino y femenino en acción (no reacción)

NUESTRO amigo Juan se desvive por complacer a Paula, su mujer, su amor. Participa activamente en las tareas de casa, la escucha con atención y devoción cuando tiene algo que decir y a menudo renuncia de buen grado a sus prioridades para satisfacer las suyas. De vez en cuando, sin embargo, pierde los estribos y pilla un enfado monumental, sobre todo cuando siente que, haga lo que haga, no consigue satisfacerla y ganarse su aprobación. Cuando esto sucede, rápidamente rectifica y justifica su cambio de humor por los problemas en el trabajo, esperando así poder restablecer la armonía conyugal y recibir, quizá, algún gesto de apoyo y aprobación (validación) de parte de Paula. En secreto sueña con recibir la total admiración de Paula, con ser «su héroe», pero siente que cada vez se encuentra más lejos de esa meta, lo que no hace más que aumentar su grado de frustración e ira. Por su parte, Paula no tiene muchas quejas de su chico, salvo que «le irrita un poco». «En el fondo, es un buen marido, aunque en la cama a ella le falta algo.»

Paula organiza a menudo cenas con sus amigas para echar unas risas, planificar algún viaje o simplemente conectar un rato y desahogarse. En el transcurso de una de esas salidas, a Paula se le despertó una extraña atracción cuando advirtió que unos hombres que reían a carcajadas en la barra del bar se giraban de vez en cuando y le lanzaban miradas descaradamente. Lo que más le extrañó fue que no se correspondían en absoluto con su tipo de hombre: eran visiblemente machistas, algo vulgares, etc. La cosa no pasó de ahí, pero hizo pensar a Paula si realmente quería seguir con Juan que ya no le causaba desde hacía una eternidad ya semejantes efectos. Lo cierto es que Juan estaba acaparando la esencia femenina de la relación: lo único que quería era estar lo más cerca posible de ella buscando conexión (y seguridad). El tema es que con Juan acaparando el polo femenino de la relación, a Paula solo le quedaba ser más masculina y buscar sitios fuera de la pareja donde poder expresar su esencia femenina, con sus amigas por ejemplo. Una esencia que a menudo le recordaba cuán hambrienta estaba de auténtica presencia masculina…

Como dijimos antes, hombres y mujeres somos «iguales» en muchos aspectos, pero muy diferentes en otros. Estamos hechos de lo mismo, pero marcados, de forma indeleble, por la genética y la evolución. Donde más nos diferenciamos es en la cuestión de las energías que nos habitan. Ahí somos como la noche y el día: nos complementamos, como simboliza el símbolo Yin-Yang. Sería imposible concebir el Yin sin el Yang y viceversa. El corazón del Yin es Yang y el corazón del Yang es Yin. No se trata de energías opuestas, sino de energías complementarias y altamente atractivas la una para la otra. Todos tenemos un lado masculino y un lado femenino, lo que nos diferencia es la proporción de esta mezcla. En general, en los hombres se expresa con más frecuencia el lado masculino que el femenino; y en las mujeres al revés. Esto es la teoría; en la práctica, intervienen multitud de factores como la cultura, la educación, el entorno, las circunstancias, etc.

La masculina es la energía de la presencia y de la individualidad que permite separarse del Todo y ser un individuo específico. Se suele enfocar en una misión, un propósito o una dirección, es decir, es como una fuerza que se manifiesta en un solo sentido y en línea recta. La energía femenina es disponibilidad, es abarcadora y no diferencia ni individualiza, es como un poder interior que irradia en todas direcciones. Es como la energía del mar, con sus olas y sus tempestades, su extensión y su profundidad, sus cambios repentinos e imprevisibles, mientras que la masculina sería un barco surcando este mar con una dirección y un destino bien definidos.

A menudo me preguntan: «¿Cómo recupero/refuerzo mi energía masculina o mi energía femenina?». A continuación veremos algunas aclaraciones adicionales sobre esas energías, lo que son y lo que no son. Al final de este capítulo encontrarás también un ejercicio para ayudarte a integrarlas mejor.

La energía masculina no es machismo, ni brutalidad, ni violencia. Emana más bien de una sensación bien definida de la persona que tú eres, lo que quieres y hacia dónde te diriges en esta vida. Es tener muy claras tus prioridades y dirigirte con resolución hacia tu destino. Es estar firmemente plantado encima de tus piernas y saber resistir sin perder el sentido de aquello que eres ni descarrilar de tu rumbo principal en la vida. La energía masculina irradia seguridad y bondad, que emanan desde tu interior, ambas cualidades necesarias para ayudar a aflorar la energía femenina en la otra persona. Si eres un hombre masculino, tienes que ser el baluarte de tu mujer femenina. Si no eres capaz de asumir ese rol, tu mujer tendrá que masculinizarse para hacerlo ella misma y entonces sentirá menos atracción hacia ti. La energía masculina es la del líder y te corresponde a ti liderar la relación, pero recuerda que el líder es aquel que tiene mayor capacidad de soportar incomodidades y que liderar es servir, no brutalizar. Si quieres tener a tu lado una mujer femenina, tienes que ser tú un hombre masculino para permitirle a ella irradiar y expresar libremente su feminidad. Si te comportas como un niño, será difícil que tu mujer sea otra cosa que una madre para ti, y una relación mamá-niño es algo poco *sexy*.

La energía femenina es fluidez y vulnerabilidad, es casi lo contrario del modo «lucha y superación» en el que la mayoría de las mujeres se ven obligadas a vivir y convivir con demasiada frecuencia. La energía femenina no intenta tener razón a lo largo del día, sino que fluye libremente, irradia en todas la direcciones, envuelve, abarca, colabora en lugar de competir, ama, se entrega y no se resigna (solo un ser superior es capaz de entregarse de verdad al flujo de la vida). La energía femenina es poder que impregna, no fuerza que pulveriza. Cuando una mujer dirige constantemente a su pareja, aunque crea que es por su propio bien o el de su familia, no está siendo femenina, sino totalmente masculina. Eso evidentemente puede deberse a que él haya dejado vacante el puesto de la energía masculina. No se trata de encontrar un culpable aquí, sino de fomentar la pasión: cuando un hombre no es capaz de dar un paso sin antes consultárselo a su mujer, agobiándola con multitud de detalles, tratando de conseguir su aprobación en lugar de cogerle la mano y liderar la relación, está perdiendo una oportunidad de oro para verla florecer y brillar desplegando su feminidad de forma alegre, fluida y despreocupada al sentirse debidamente comprendida, atendida, mimada, protegida, «viva» en lugar de apagada, amargada, preocupada, tensa, sobrecargada y endurecida.

Suelen ser las circunstancias de la vida las que hacen que hombres y mujeres expresen una u otra energía. Por ejemplo, una directiva concentrada en su misión en el mundo laboral, asumiendo grandes retos y responsabilidades, se encuentra obligada a «habitar», durante muchas horas al día, su lado masculino. Pero en cuanto llegue la noche y vuelva a su casa, tiene que poder desprenderse de esa energía y recuperar su esencia femenina. Si no puede hacerlo, ya sea porque su marido sea demasiado femenino, o porque ella no logra desprenderse del control, se sentirá profundamente agotada y frustrada.

Para que haya una correcta polarización de la relación, el hombre tiene que poder habitar su esencia masculina y la mujer su esencia femenina. Si no, la pareja irá sufriendo una «despolarización» y paulatinamente irá desapareciendo la magia sexual entre los dos. Esto no significará automáticamente el final de la relación, ya que podrán seguir siendo grandes amigos y colaboradores; sin embargo, no podrán disfrutar de una verdadera pasión y a la larga será cada vez más difícil gozar de grandes niveles de intimidad, ya que al no tener sus necesidades cubiertas dentro de la relación será más difícil que se muestren desnudos y vulnerables ante el otro. En algunos casos se puede llegar a cierta armonía con las polaridades invertidas, pero suele ser más difícil debido a la presión de la sociedad.

Aparte de su esencia sexual diferente, hombres y mujeres suelen tener también diferentes necesidades que satisfacer a través de las relaciones. A grandes rasgos, y posiblemente debido a razones evolutivas, las dos necesidades que suelen regir el comportamiento de los hombres son la relevancia y la libertad (o variedad). En el caso de las mujeres suelen ser seguridad y conexión. Muchos problemas de pareja surgen por falta de empatía hacia la esencia energética del otro, o por falta de entusiasmo a la hora de satisfacer sus necesidades. Veamos un ejemplo: María tiene la mala costumbre de criticar de forma permanente a Manuel. Trata de controlar sus movimientos dentro y fuera de la casa, porque teme que no sea capaz de valerse por sí mismo, ya sea con los niños, con los colegas de la gestoría donde trabaja o con las tareas de casa. María siente la necesidad de darle instrucciones precisas sobre todos los asuntos, temiendo que de no hacerlo luego le toque a ella recoger los platos rotos. Cuando a

Manuel se le ocurren ideas «diferentes», María se tensa y rápidamente, aunque muchas veces sin quererlo, acaba poniendo a su marido en ridículo. Por su parte, Manuel suele responder a esta situación con enfados frecuentes, después de los cuales suele aislarse durante largas horas delante de la televisión u ocupando las manos con algún arreglo mecánico en el garaje de la casa donde viven. Lo que a María le entristece es que, aunque en general él acaba haciendo las cosas que ella le pide, lo hace sin involucrarse, limitándose a cumplir sus instrucciones y a regañadientes. Su sexto sentido le dice además que la joven administrativa que acaban de contratar en la gestoría donde trabaja Manuel no deja completamente indiferente a su marido… Al final del día, se siente sola, frustrada y agotada. ¿Qué ocurre aquí?

Si nos referimos a las necesidades básicas de los hombres y de las mujeres, vemos lo siguiente: Gloria tiene necesidad de seguridad (certeza) y conexión, y lo expresa tratando de controlar a su marido y criticándolo a veces. Teme que si suelta las riendas, Manuel se extraviará… Por su parte, él percibe este exceso de control como una falta de confianza; piensa que Gloria no lo valora como debiera, y eso azuza su propia necesidad de relevancia. En el despacho su posición le procura la admiración de una nueva y joven compañera, y él se siente bien en su compañía… A veces se enfada con Gloria y no se da cuenta del daño que le inflige a su mujer retirándose a su pequeño mundillo, donde ella no tiene acceso, privándola así de lo que más necesita: conexión. Como no consigue conectar con Manuel de forma positiva, Gloria intenta captar su atención a través de críticas y reproches; pero así lo acaba alejando todavía más. Al final del día Gloria se queda sin energía de tanto luchar sola frente a la responsabilidad de toda la familia, sin tan siquiera poder satisfacer sus propias necesidades.

Es evidente que Manuel debería procurar habitar más su lado masculino en casa y ocupar una posición de liderazgo en la familia, entendiendo en primer lugar las necesidades de su mujer y tratando de cubrirlas dándole la presencia que ella necesita y descargándola del rol de capitán del barco, permitiéndole sentirse más cuidada y a su vez más mujer. Por su parte, ella tampoco logra entender que si soltara un poco el control y confiara más en su marido, probablemente éste se involucraría de forma más voluntariosa en las tareas y en la relación. Ni que decir tiene que las relaciones sexuales entre ambos son casi inexistentes desde hace tiempo, y que en las escasas ocasiones en que se producen los dos se limitan a cumplir con una especie de ritual o trámite necesario y poco estimulante.

Para ilustrar lo que podría ser la vida «a dos», veamos otro ejemplo, mucho menos corriente):

Natalia adora a Pedro y, cuando él habla, lo mira con ojos llenos de admiración. Jamás le falta el respeto y, en general, confía plenamente en él. A menudo disfruta de la relación dejándose llevar y mimar por Pedro, que conoce a fondo sus gustos, y siempre la intenta sorprender y complacer. Pedro es un hombre sólido, que asume naturalmente sus responsabilidades, tiene las ideas claras, ama a su mujer y la siente «suya». Él la eligió y, como hombre con un nivel sano de autoestima, está dispuesto a honrar su propia elección. Incluso cuando Natalia entra «en barrena» y cae en picado, Pedro no deja en ningún momento de quererla, ni por un solo instante. No necesita ni busca alejarse de ella. Se mantiene totalmente presente, en plena posesión de sus facultades, amándola y disfrutando de ella, incluso en aquellos momentos. Ella siente y aprecia la presencia fuerte y reconfortante de su hombre. Con el paso del tiempo, su convicción de haber elegido al hombre perfecto para compartir su vida ha ido en aumento a la vez que sus sentimientos y su nivel de entrega han ido adquiriendo mayor profundidad. A nivel sexual, se siente suya a la vez que lo siente suyo: ama la forma que tiene Pedro de «tomarla y hacerla suya», llenándola de amor y seguridad.

Es evidente que estamos en presencia de una pareja altamente compenetrada y polarizada. Cada uno permanece atento a las necesidades del otro. Natalia se siente totalmente libre de expresar su esencia femenina haciendo las delicias de su marido, que se siente todavía más masculino en presencia de su mujer. Al no intentar evitar sistemáticamente el desastre, ni dejarse llevar por los tormentos de Natalia, manteniendo simplemente una fuerte presencia masculina, Pedro le da la seguridad y conexión que ella necesita, permitiéndole así entregarse, abrirse y brillar más. Ella sabe que puede contar con su marido y «se rinde» a su propia esencia femenina para poder disfrutar así vivirla y disfrutar plenamente de ella. No tiene que desperdiciar energía tratando de controlarlo ni protegiéndose de él. Por el contrario, su entrega a su propia esencia llena a Pedro de reconocimiento despertando en él el instinto masculino de cuidar, amar y proteger a su mujer.

> Cuando una mujer honra a su hombre entregándose a él, despierta sus instintos más nobles, los que le impulsan a amar y proteger. Cuando un hombre honra a su mujer, amándola, atesorándola y protegiéndola, ella se abre, florece y también lo defiende y lo acoge.

Cuando una mujer se entrega a su hombre, es a su propia feminidad a la que se está entregando, y cuando un hombre honra a su mujer, es su propia masculinidad que está honrando. Compartirte con el otro no te merma, sino que nutre tu esencia y la afianza.

Somos iguales y diferentes al mismo tiempo, pero en cualquier caso nos complementamos. Una mujer puede dar más vida a su hombre y, haciéndolo, ella también crece. Las mujeres crecen cuando son amadas y acogidas, y los hombres aman y acogen cuando son respetados y reconocidos. No hay duda sobre la igualdad: somos piezas diferentes de una misma maquinaria divina.

EJERCICIO

¿Cómo hacer aflorar la energía masculina? Ante todo volviendo a tu centro. Hazte las siguientes preguntas:

¿Quién eres de verdad? ¿Cuál es tu misión en esta vida, como pareja, padre, amigo y profesional? ¿Cuáles son tus valores? ¿Los has estado viviendo o tergiversando? ¿Eres de verdad una persona que vive lo que piensa/dice? ¿Entonces eres de confianza o no tanto? ¿Has estado protegiendo y sirviendo a los tuyos o protegiéndote de ellos? ¿Eres el líder de tu relación, asumes la responsabilidad de la misma o estás sumergido en la queja y retozando en la impotencia? ¿Qué vas a hacer, qué tienes que cambiar? ¿Te vas a atrever a ponerte de pie firmemente y con decisión como un hombre ? ¿Podremos contar contigo? ¿Podrá tu mujer apoyarse en ti, incluso sacudirte un poco de vez en cuando sin que te caigas o derrumbas como si fueras de cristal?

¿Cómo hacer aflorar la energía femenina? Observa y hazte las siguientes preguntas:

¿Estás todo el tiempo en modo control, o permites que las cosas sucedan? ¿Estás acaparando el rol del líder, el que lo sabe todo, lo hace todo y lo soluciona todo? ¿Estás radiante o más bien agotada? ¿Vas por la vida (y sobre todo en la pareja) con un escudo por delante o te vulneras y dejas conocer? ¿Permites a tu pareja ocuparse de ti, cuidarte y protegerte o estás demasiado ocupada dirigiéndolo? ¿Expresas amor o frustración con tus gestos y expresiones? ¿Cuidas tu cuerpo, tus atuendos y todo aquello que te permite ser femenina y expresar tu feminidad? ¿Te das tiempo para conectar y fluir con los demás o estás en modo «capitán» todo el tiempo? ¿Juegas, sonríes, aligeras, fluyes?

El acto sexual se transforma en un acto inmensamente sanador con una persona a la que amas y en la que confías cuando los dos logréis manteneros juntos durante vuestros momentos más vulnerables. Entraréis así en un espacio sagrado, un territorio desconocido, desde el cual conoceréis unos nuevos e inesperados estados del ser.

ALEXANDRA KATEHAKIS

Los que miran a los ojos besan más

HACE unos años se hizo un estudio sobre la telepatía en una universidad americana. Se seleccionó a un grupo de estudiantes y se les dividió al azar en parejas hombre/mujer. Un miembro de la pareja tenía que elegir una carta, memorizarla y colocarse frente al otro para que lo mirara fijamente a los ojos y tratara de adivinar, por telepatía, la carta elegida. Los resultados fueron sorprendentes: no se halló ninguna prueba de que los humanos tengamos dotes telepáticas (aunque a lo mejor, las tenemos oxidadas), pero sí se demostró que dos personas que se miran fijamente a los ojos durante un tiempo ¡acaban gustándose mutuamente!

Cuando la pasión desaparece, uno de los primeros avisos es que los miembros de la pareja dejan de mirarse a los ojos, incluso cuando hablan entre ellos (o sea, justo lo contrario de lo que hacen los enamorados). A veces incluso hacen el gesto de mirar hacia arriba con expresión de hastío comunicando un profundo rechazo. Nada puede ser tan agresivo y dañino como esa mirada.

Hacer el esfuerzo de volver a mirar al otro a los ojos hará que se sienta, como mínimo, respetado, reconocido y aliviado por no tener que hablar con el vacío o a través de los muebles. ¿Recuerdas que al inicio decíamos que para ver al otro había que escucharlo profundamente? («Te veo») Pues aquí se trata de hacer lo mismo, pero al revés: escucha al otro, y para establecer una conexión profunda entre vosotros, míralo a los ojos, pero no con una mirada desafiante, sino intentando conectar con lo esencial de esa persona.

Una mirada profunda comunica mucho más que unas palabras. Se dice que la expresión verbal representa apenas el 7% de lo que se comunica. El resto se reparte entre tonalidades (38%) y lenguaje corporal (55%). Tu mirada puede ser determinante y hacer que las palabras no sean ni siquiera necesarias. Es a través de la mirada, entre otras cosas, que se percibe tu esencia masculina o femenina y se entrega a tu pareja. Te propongo más abajo un ejercicio para ilustrarlo.

Otro síntoma de alejamiento (y de falta de pasión) dentro en la pareja es que desaparecen los besos. Estoy hablando de ¡BESOS!, no de picos distraídos mirando hacia otra parte y entregados por puro compromiso. Lo de los besos es mucho más complicado que lo de las miradas, porque es más íntimo. Fíjate que en las películas las prostitutas a menudo dicen: «Lo hago todo menos dar besos en la boca». ¿Por qué será? Sencillamente porque el beso ha adquirido un significado más íntimo que el acto sexual. Las parejas en desacuerdo a veces siguen teniendo sexo por pura necesidad física, pero ya no se entregan al arte de besar. Y es que se puede tener sexo por diversión, pero un beso, un beso de verdad, es una entrega de tu alma a la otra persona, es contarle todos tus secretos tomando su boca por oreja.

La solución pasa por (volver a) besar a tu pareja como el primer día y a menudo. Nada te puede hacer sentir más querido que una buena sesión de besos. A veces es incluso mejor que una sesión de sexo. Un beso es un encuentro íntimo entre dos personas, en el que surgen todas las potencialidades del encuentro de dos polaridades: el beso te comunica amor y calor humano, y, aunque te lo dan en los labios, a menudo va directo al corazón. Por algo será que es justamente ahí donde se aloja el beso que Dios nos da antes de lanzarnos por el tobogán de la vida. Mirar a los ojos y besar son una vacuna contra la desconexión dentro de la pareja y mantiene a ambos miembros disponibles y predispuestos.

EJERCICIO

Los ojos son el espejo del alma, se dice, y son también la puerta de salida de tu energía y el mejor medio de expresión de tu masculinidad o feminidad. Como dijimos antes, la energía masculina es presencia y la energía femenina es disponibilidad. A veces esas dos energías entran en conflicto. Vamos a ver un ejercicio para sanar la interacción entre las dos.

De pie, cara a cara, miraos a los ojos y tratad de expresar lo siguiente:

- ✔ **Hombre:** enfoca toda tu atención en ella. Trata de sentirla sin la menor crítica, manteniéndote totalmente presente, dándole toda tu atención, repitiéndote a ti mismo en tu cabeza: «Te amo, te adoro, eres mía, hagas lo hagas, siempre serás mía, yo soy tu hombre y siempre estaré a tu lado, te amo, te adoro...». Deja que estas sensaciones emanen de tus ojos y vayan hacia ella, penetrándola, poseyéndola... Trata de llenarla e inundarla con tu atención, tu seguridad y tu amor incondicional.
- ✔ **Mujer:** encara tu hombre y míralo a los ojos diciendo para ti: «Te amo, te adoro, eres mi héroe, confío en ti, me entrego a ti, eres mío, sé que no me harías daño, te admiro, te amo, te adoro, confío en ti...». Mantente ahí y trata de envolver a tu hombre con una nube de amor y aprobación, mirándolo como si estuvieras acariciando su cara con tus ojos.

Al final, el que más gana
es el que más ha amado.

JOE SOUEID

Conclusión

HAGAS lo que hagas, mientras vivas aquí tendrás que aprender a relacionarte de forma efectiva, sana y armoniosa. Es lo que hemos venido a (aprender a) hacer en este mundo. ¿Cómo lo sé? ¿Te has fijado en que cada vez que has tenido un problema en tu vida, en el fondo siempre se trata de un problema relacional? Has caído en desacuerdo con tu pareja, tu jefe o el vecino y eso te ha hecho sufrir. Has estado enfermo y has sufrido, porque te resultaba desagradable relacionarte con aquellas partes de tu cuerpo aquejadas del mal. Has perdido a un ser querido y te ha costado despedirte de él. Etcétera.

En todas estas circunstancias te has sentido en algún momento enajenado, solo, incomprendido, aislado, no valorado, ansioso, rabioso, etc.

¿Te das cuenta de que todas esas cosas pasan cuando estás «en relación», ya sea contigo mismo (cuerpo o mente), el vecino, la comida, el dinero, tu jefe, tu amante o tu perro?

Lo contrario, claro, también es verdad: cuando te has sentido querido, amado, valorado, conectado, eufórico, feliz, alegre, ligero, flotando, etc., también ha ocurrido mientras estabas relacionándote, contigo mismo, con otra persona o con el Universo.

Las relaciones existen no solo para que aprendamos, sino también para que «vivamos»: vivir es sentir y las relaciones amplifican todas nuestras emociones, tanto las que consideramos «buenas» como las «malas».

La mayoría de nosotros dividimos nuestro mundo en submundos de la misma forma que dividimos una casa en varias estancias. Quizá incluso sea por las mismas razones: poder vivir experiencias diferentes en cada una de ellas. Tú, yo y la mayoría de personas vivimos la mayor parte del tiempo en tres mundos diferentes: el mundo laboral, el mundo afectivo y el mundo interior. Constantemente te estás relacionando con tu trabajo, tus compañeros, tus amigos y tus familiares, además de contigo mismo. Entonces, ¿de qué puede depender la calidad de tu experiencia, de tu vida? Pues de la calidad de estas relaciones, de que funcionen de manera efectiva, sana y armoniosa.

Supongo que, como todos, tú también quieres ser feliz. Pero, realmente, ¿qué es la felicidad? En tu interior ya lo sabes, ya tienes la respuesta... Y lo sabes, porque ya la has sentido en ocasiones. Como aquel día en que, a pesar de estar nublado y gris, ibas por la calle y todo te parecía bonito, todas las personas hermosas, limpias y bien vestidas. Sentías que las querías a todas, que las «veías», las entendías, las «sentías». O aquella vez que sentiste un gozo y una plenitud totales, y tuviste la certeza de no estar solo o sola, de formar parte del Todo, eso es lo que significa tener un orgasmo (físico o espiritual). O esos contados pero maravillosos momentos en que todo te parece posible, en que todo está al alcance de la mano... La felicidad es precisamente esa sensación de conexión, de satisfacción, excitación, plenitud, expectativa, disfrute, gozo e infinitas potencialidades, como si durante un instante fueses realmente parte de algo mucho más grande que tú... ¡el Todo!

Fíjate que incluso la conciencia es... ¡una relación! Tomar conciencia es entrar en relación con uno mismo, con el entorno y con los demás seres de este planeta. Mantener cierto nivel de conciencia es saber gestionar la relación entre uno y el resto.

Si la calidad de tu vida depende de la calidad de tus relaciones y de cómo las gestionas, se hace manifiesta la necesidad de aprender a forjar relaciones efectivas, sanas y armoniosas. Una relación efectiva es una relación real y verdadera (en oposición a quimérica, dudosa o nominal, según la definición de la Real Academia Española). Además, tiene que ser sana y armoniosa con las otras partes de tu vida para poder prosperar.

Ya sé que es mucho más fácil decirlo que hacerlo, sobre todo porque no nacemos enseñados y no nos enseñan mucho sobre el tema, así que tenemos que ir descubriendo el camino por nuestra cuenta. Lo más normal es que al principio nos perdamos y nos pasemos años, décadas incluso, corriendo detrás de lo material, del reconocimiento y del éxito... Y solo en algún momento, con suerte, nos damos cuenta de que en realidad todo lo hemos hecho para no sentirnos solos y/o para mejorar alguna relación significativa para nosotros. O sea, que en el fondo todo lo hacemos para mejorar algún tipo de relación que ya tenemos o esperamos crear. Y eso es así, aunque uno tenga toda la riqueza y fama del mundo, pues, como te decía al principio del libro, nadie puede ser profundamente feliz si fracasa en sus relaciones más significativas.

Cualquier meta que uno quiera alcanzar le obliga a entrar en relación con los demás y con uno mismo para encontrar el camino, las herramientas correctas y la energía necesaria para pasar a la acción, ya sea solo o en equipo. Cualquier problema que uno quiera resolver pasa por resolver antes una relación, ya sea con una persona, un evento, una energía o uno mismo. Por tanto, hay que pasar por la escuela de las relaciones. Estamos en un planeta de siete mil millones de personas y hemos venido a relacionarnos los unos con los otros y a aprender a hacerlo cada vez mejor, de forma más efectiva, sana y armoniosa. De lo contrario, cada uno habría nacido en su propio planeta.

Nuestra misión como seres humanos es seguir evolucionando relacionándonos, y la vida tiene sus formas de indicarnos cuándo estamos cumpliendo con esta misión y cuándo no. Si tenemos relaciones efectivas, sanas y armoniosas, nuestro mundo florece y prospera, incluso nuestra salud (física y mental) mejora. Hay estudios sobre esto. El índice de longevidad, por ejemplo, no tiene nada que ver con cuánto tiempo pasas en el gimnasio, ni siquiera con lo que comes, bebes o fumas, sino ¡con la calidad de tus relaciones afectivas!

Así que, ya sabes, si quieres felicidad, plenitud y gozo, tienes que desarrollar tu inteligencia relacional. Por mi parte, espero haber contribuido con este libro a que avances en ese camino. O sea, a que tengas unas relaciones amorosas cada día más plenas y apasionadas.

Recuerda: ¡la calidad de tu vida depende de la calidad de tus relaciones!

Anexos

Finales necesarios

A lo largo de este libro nos hemos centrado en cómo crear una buena relación basada en el amor, motivada por la contribución y llena de pasión, pero este libro no sería completo si no habláramos, aunque fuera en el anexo, de aquellas situaciones en las que forzosamente una relación tiene que terminar: los llamados finales necesarios. ¿Cómo saber cuándo una relación tiene que terminar?

En general, una relación debe de terminar de forma inmediata cuando hay peligro o indicios de que se produzcan lesiones o daños físicos y se debe buscar ayuda profesional y legal sin más dilaciones. Empecinarse en mantener una relación, a pesar del peligro no significa que hay amor, sino un alto grado de codependencia que hace todavía más imperativo acudir a profesionales e instituciones de apoyo.

Por otra parte, siempre y cuando no exista peligro, psíquico o físico, una relación se podrá salvar si hay amor y voluntad sincera de arreglar las cosas.

La decisión de seguir o abandonar una relación depende de las posibilidades reales de que las cosas cambien a mejor en una situación determinada, no solo de la esperanza que uno pueda tener. La esperanza es lo que tú esperas y no necesariamente lo que vas a obtener. No puedes mantener una relación en función de esperanzas vanas a menudo frustradas, sino posibilidades reales de crecimiento y estas dependen, en parte, de la tipología de persona con la que estemos tratando. Según el doctor Henry Cloud existen tres categorías de personas: las sabias, las locas y las malas. En realidad, se trata más de una caracterización que de una categorización, ya que no es en el sentido literal de cada palabra que se utilizan «sabias, locas y malas», sino en referencia a las tendencias de comportamiento de la persona.

Por personas «sabias» no nos referimos a aquellas que gozan de un elevado nivel de saber y conocimiento académicos, sino a las que son capaces de aprender de cada situación de la vida cotidiana y adaptarse a los variopintos escenarios de la vida.

> Un ejemplo de persona sabia sería aquella que es capaz de escuchar y tolerar una crítica constructiva, incorporando un nuevo aprendizaje sobre sí misma y asumir la responsabilidad de modificar de forma acorde su comportamiento.

Cuando se convive con una persona de estas características, el cambio es posible, ya que se pueden establecer estructuras concretas para impulsarlo (acuerdos de pareja que se verán honrados, ayuda profesional, etc.). No hay duda de que se pueda recuperar la relación, a pesar de las dificultades que puedan surgir. Es más, las dificultades se pueden transformar en oportunidades de crecimiento y profundización para ambas personas.

Las personas dichas «locas» son las que evitan hacerse cargo de sus propios actos: rehuyen toda responsabilidad y encuentran en general la excusa perfecta para cada situación (a menudo culpando a otros de sus propios tropiezos). Lejos de caer mal, suelen ser simpáticas y divertidas. El loco «no se equivoca nunca ni tiene nada que aprender o cambiar»; prefiere seducir y que sean los demás los que cambien o paguen por él. Con una persona así, lo tendrás muy difícil, ya que aunque te exprese su voluntad de cambiar y te jure que lo va a intentar (por enésima vez), tienes pocas esperanzas de que esto ocurra: serás tú el/la que tenga que cambiar para que las cosas sigan igual... La posible solución pasa por encontrar la forma de administrar al loco una dosis de su propia medicina, o sea que asuma las consecuencias de sus actos. Quizá entonces decida modificar su comportamiento...

Finalmente, existen, aunque no queramos verlo, personas que disfrutan viendo a las demás sufrir o haciéndolas sufrir. Con estas personas (malas) más vale evitar cualquier tipo de relación.

Como dijimos antes, la decisión de seguir o abandonar una relación, tiene que ver con la persona con la que estás: si se trata de una persona «sabia» y hay amor, sería una locura dejarla, pero si se trata de un «loco», prepárate para vivir encima de una montaña rusa subiendo con la esperanza de que sus promesas se cumplan y bajando cuando vuelve a fallarte (en general, «por última vez»). Puede que, en tal caso, no valga la pena luchar, porque, o bien te adaptas tú y aprendes a disfrutar de lo que esta persona te ofrece, o bien te vas: esta decisión, evidentemente, te corresponde a ti.

Ten en cuenta que para que una situación cambie, tiene que haber como mínimo voluntad de cambio y posibilidades reales, pero nunca será suficiente con «hablarlo», es necesario elaborar un plan de cambio y crear las estructuras necesarias para que ocurra (ayuda de profesionales, cambio de entorno, horarios, reglas, apoyo de personas allegadas, protocolo, etc.). La falta de estructuras sólidas suele ser la principal razón por la que se pierde de vista el objetivo marcado poco después de haberlo fijado y vuelta a empezar.

Finalmente, date cuenta de que, a menudo, resulta más difícil aceptar la necesidad del cambio y tomar la decisión de cambiar que llevar a cabo el propio cambio (en base a estructuras concretas como dijimos antes). Una de las formas de afrontar e impulsar un cambio es preguntarse ¿qué ocurriría si las cosas siguieran igual durante los cinco o diez años venideros? ¿Sería aceptable para ti o tu pareja? ¿Cuán importante realmente es cambiar la situación actual? y finalmente, ¿qué ganaríais ambos haciéndolo?

Advertencia final: lo anterior no es más que una pincelada. Te ruego que no tomes decisiones definitivas solo en base a la lectura de este capítulo: solo pretendo darte algo de luz y ayudarte a ver un poco más claro, pero tienes que recordar que una relación es algo sumamente valioso que no se puede tomar a la ligera en ningún momento y todavía menos la decisión de terminarla. Por otra parte, tampoco podemos ir por la vida emitiendo juicios sobre los demás y tildándolos de sabios, locos o malos. Primero, relájate (recuerda controlar tus propias emociones), abre los ojos, haz las consultas necesarias y, antes de tomar cualquier decisión, date un plazo amplio para reflexionar. Más vale tardar más que ir demasiado deprisa.

Declaración del amor excelente

Para mí, eres importante.
Nuestro encuentro es importante, nuestras sincronías son importantes.
Mantener mi corazón abierto y accesible para ti es importante.
Dejar que fluya y crezca nuestro amor es importante.
Entender y nutrir nuestra relación es importante.
Acercarme a ti y dejar que te acerques a mí es importante.
Poner en común nuestros valores personales es importante.
Saber lo que te importa y lo que más necesitas es importante.
Entender tus necesidades y darte lo que anhela tu alma es importante.
Darte amor sin contar es importante.
Aprender a ver el mundo a través de tus ojos es importante.
Tener metas comunes es importante.
Crear un espacio y tiempo comunes es importante.
Pedir sin exigirte lo que necesito de ti y saber que a veces no se puede dar ni recibir es importante.
Saber jugar contigo es importante.
Saber no jugar con tus sentimientos es importante.
Entender por qué estamos separados cuando lo estamos es importante.
Saber qué parte de nosotros se va y qué parte se queda es importante.
Darnos la suficiente seguridad el uno al otro es importante. Y vivir nuestra relación como una gran aventura es importante.

Recordarte siempre que eres muy importante es importante.

Cubrirte de atenciones, risas y sonrisas, besos y caricias es importante.

No dejar nunca de tocarte y acariciarte es importante.

Tomar el tiempo necesario para hacerte el amor es importante.

Permitirnos hacer el amor a veces, «echar un polvo» otras, o simplemente rozarnos y sentir la excitación es importante.

Permitir que un orgasmo se convierta en un flujo de lágrimas es importante.

Hacer crecer el amor cada uno por su lado y llevarlo a nuestro nido de amor como una ofrenda es importante.

No dejar nunca de mirarte a los ojos y escucharte es importante. Escucharte en silencio, con el corazón abierto, y los ojos llenos de admiración es importante.

Buscar cada día una razón por la que quererte más es importante. Olvidar cada día una razón que pudiera mermar este amor es importante.

Pedirte ayuda cuando haga falta, sin miedos ni vergüenza, con la convicción de que vendrás volando a mi lado es importante.

Querer lo divino y lo humano en ti es importante.

Cantar una alabanza cuando veo una calidad y sonreír cuando veo un defecto es importante.

Ayudarte a crecer, dejándote un espacio lo suficientemente amplio para poder hacerlo pero lo suficientemente estrecho para que no te sientas abandonado ni fuera de nuestra relación es importante.

Celebrar tus cambios con curiosidad e interés en lugar de miedo y distanciamiento es importante.

Preguntarme cada día cómo puedo servir al amor, a nuestra relación y al mundo en el que se desarrolla es importante.

Crear un espacio seguro en el que puedas expresar tus ansias, miedos o anhelos, sin temor a ser juzgado o rechazado es importante.

Permitir que cometas errores recordando que somos y siempre seremos aprendices de nuestra relación es importante.

Reconocer cuando cometo un error y buscar las formas de arreglarlo y de ocuparme de ti es importante.

Considerar el mundo nuestro espacio de recreo y las estrellas besos depositados por ti en las sábanas de la noche es importante.

Protegerte de todo, incluso de mí mismo, es importante.

Tú eres importante, yo soy importante, lo que nos ocurre es importante y nuestra relación es importante.

FADY BUJANA

Al lector

TENGO una confidencia que hacerte. Siempre tuve la sensación de que no había sido preparado para esa vida…

Nací en una tierra sembrada de violencia pero hermosa: el Líbano. Pertenezco a la generación de la guerra, la que tuvo que codearse día a día con los estragos de los bombardeos y los abusos de las milicias y de otras muchas personas. Una generación que intuía que tanta muerte solo podía esconder la semilla de la vida: la pasión. Una generación que tuvo que enfrentarse a multitud de adioses y separaciones sin entenderlos del todo y sin nunca dejar de creer en la fuerza del bien y del amor.

A mí también me tocó mi parte correspondiente de adioses y por mucho que «me lo gestionara», no podía evitar sentir que con cada adiós se perdía una parte de mí, la que se queda con el otro, a modo de rehén… Al final, con tantas partes de mí desperdigadas por ahí, llegaba a preguntarme como iba a poder vivir así. Pero vivo, siento, construyo, amo y trabajo… Aunque, haga lo que haga, no puedo evitar ver que todas las construcciones (y hablo como arquitecto) son obras del tiempo y de la superposición de sus etapas mientras que cada separación supone una destrucción total y un nuevo inicio, a veces necesarios, pero no siempre.

Las catedrales no se construyen destruyéndolas, ni las familias, ni las sociedades y yo me he propuesto hacer lo que hacen los buenos arquitectos: encontrar sistemas que enriquezcan y hagan mejores las vidas de mis clientes y congéneres. Solo que, en mi caso, en lugar de utilizar ladrillos y mortero para construir edificios y ciudades, me he propuesto ayudar a construir sociedades y familias con personas inspiradas y amor verdadero. Esta es mi misión: más que coach, aspiro a ser arquitecto del amor excelente, ese sitio cálido que permite que en él se cobijen y prosperen familias, personas y niños sanos y felices.

Me presento: soy Fady Bujana, arquitecto, *coach,* conferenciante y autor de *Licencia para vivir* (Integral, 2009) y *Caracoles tántricos* (Océano, 2013). Mi trabajo es ayudar a mis clientes a entender sus motivaciones profundas para resolver sus dilemas personales y profesionales, encontrar su camino en medio de la tormenta, quitar el freno de mano a su vida y vivir inspirados y apasionados.

Me he formado, entre otros, con Anthony Robbins, una de las mayores autoridades mundiales sobre liderazgo y empresa, y Cloe Madanes, una de las terapeutas familiares de mayor renombre en el mundo.

Me gusta viajar, aprender, leer, conocer gente, cocinar, bailar, reír, navegar, ir en moto y, sobre todo, ayudar. Hablo español, inglés, árabe y francés. He trabajado en numerosos países y culturas, y estoy aquí para servirte.

OTROS TÍTULOS PUBLICADOS

Piensa con el corazón

Historias inspiradoras para encontrar la paz interior

Arthur Rowshan

edaf

Meditaciones para mujeres que hacen demasiado

Luis Ríos · Luis Pita

Sonríe los lunes

Las 8 claves para ser más feliz en el trabajo y en tu vida

edaf